知る、見守る、ときどき助ける
モンテッソーリ流「自分でできる子」の育て方

神成美輝 著
Kannari Miki

モンテッソーリ・ラ・パーチェ代表
百枝義雄 監修
Momoeda Yoshio

日本実業出版社

モンテッソーリ園をのぞいてみよう!

早稲田フロンティアキッズ、Meducare Bambino
(WASEDA Frontier Kids)(メデュケア バンビーノ)

みんな大好きな 3 本指の作業は 2 歳児の定番。本文 82 ページ。

3 本指を使う遊びに夢中!

ピッチャーでコップに色水を移す。

ぎんなんをトングでつかみ移動。

小さい頃から指先を使う遊びで器用な子どもに

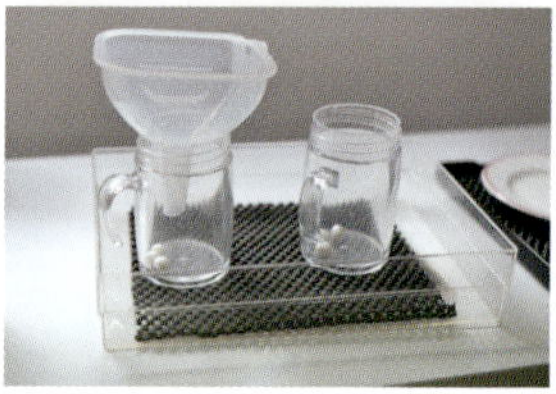

手先を使う手作りおもちゃ。スプーンで鈴を別のお皿に移す。（上）
水を注ぐ練習となる「ビーズ注ぎ」。（下）

小さな木のボールの穴に上手にひもを通す3歳の男の子。3本指を使う遊び。本文82ページ。

「つまんで穴にめがけて落とす」作業に夢中。赤ちゃんには指先を使う遊びを。本文84ページ。

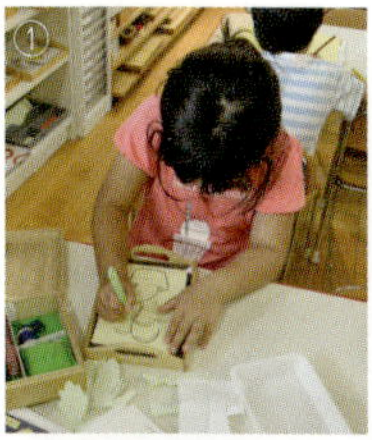

厚紙にキリで穴をあけてから（①）、針で刺繍《ししゅう》をする（②、③）5 歳の女の子。慣れた手つきなのは 3 歳から針を使っているから。本文 124、143 ページ。

「選択」することで判断力、自主性が育つ

ドライバーを器用に使う 3 歳の女の子。本文 112 ページ。

おもちゃを選ぶ 5 カ月の赤ちゃん。本文 116 ページ。

「片づけ上手」を目指すならおもちゃの数は少なく。本文 164 ページ。

音感ベル。「ドレミファソラシド」を耳から学ぶ。本文 178 ページ。

ガラスコップも小さな子には 5 本指で持てるものを用意する。本文 174 ページ。

子どもには「使いやすい」「本物を」

「ヤル気」にさせる環境で
グングン伸びる子に

鏡で自身を確認しながら、つかまり立ちの練習。本文 173 ページ。

小さなイスを置くと、トイレトレーニングがスムーズに。本文 161 ページ。

場所へのこだわりを生かし、名前やマークを貼って置く場所をきちんと決める。本文 71、168 ページ。

宇宙や地球。世界の文化に触れるモンテッソーリ教育

子どもが興味を持ったものをすぐに調べられるようにしておく。本文 101 ページ。

外国人の先生との交流で言語が自然と耳に入る。

地形、大陸、国。各国のアイデンティティの国旗の存在を色塗りなどで身近に感じる。

日本についての学びも多い。日本地図パズルで学習する３歳の女の子。
パズルなどをしている時には、質問されるまで声をかけない。本文 122、154 ページ。

はじめに

モンテッソーリ教育に興味を持ってこの本を手に取ってくださった方、もしくは「自分でできる子に育つって本当？」と半信半疑で手に取ってくださった方。それぞれ思いは違っても、子育てに高い関心があるからこそ、この本が目が止まったのだと思います。

特に、イヤイヤ期と呼ばれる1歳半〜3歳くらいの第一次反抗期を経験しているおうちの方なら誰しも、子どものひどいこだわり、同じおもちゃでしか遊ばない、お友だちにおもちゃを貸せない、といったことに頭を悩ませているかもしれません。それどころか行動自体が意味不明、子どものことがさっぱり分からない……なんてことも。そんなママやパパに、子どもに関しての「？」の答えを、この本の中で話していきたいと思います。

イヤイヤもこだわりも、同じことを繰り返すのにも、実はちゃんと意味があります。そのことが分かると、子育てに余裕ができるようになります。今までダメだと言い続けたことが、「な〜んだ」と子どもを見る見方が変わり、今よりさらに楽しく子育てができるようになるのです。

それにはまず、親が子どもを「よーく観察する」こと。観察すると見えてくるのは、子どものマイブーム。それがのちに本書に出てくる「敏感期」と呼ばれるものです。

いたずらをしていても「ダメ」と言いたくなる気持ちをぐっと抑えて、**とにかく子どもを観察してください。そこを乗り越えると「あれ？ これがもしかして敏感期なの？」と思える行動が見えてくるはずです。**そこまでできれば、後は子どもの敏感期に合わせて環境を用意して、温かく子どもの行動を見守ってあげればいいのです。

私が最初に勧めた幼稚園は、モンテッソーリ教育とはかけ離れた幼稚園でした。私はというと、言うことを聞かなければ、「ダメ！」といつも叱ってばかりの「ダメダメ先生」でした。そのため、「先生の言うことを聞かない子どもはすべてダメな子どもだ」と決めつけていたように思います。そして、いつも大きな声で「どうしてできないの？」「ダメでしょ！」が口癖。今思えば、なんと偉そうな先生だったのかと恥ずかしくなります。

否定的な言葉は、聞く子どもも、それを言う大人も、ストレス以外の何ものでもありません。「ダメ」と言われないように、いつもいい子でなくてはならない子ども、自分の理想を追い求めて怒ってばかりいる先生。まったくいいことなんてありません。しかし、その当時はそのことに気がつきませんでした。

そんな私がモンテッソーリ園に就職したのは偶然ではありましたが、モンテッソーリ教育の魅力にはまるまで、そう時間はかかりませんでした。なぜなら、先生が「ダメ」と抑制することなく、子どもが生き生きと楽しそうに園生活を送っていたからです。「子どもの観察→発見→見守る」という一連の流れがわかると、子育ての肩の荷を下ろすことができますし、子育てが自体が楽しくなります。

私も保育園の現場で、子どもの敏感期を見つけて、その子に合わせて教材を用意し、そしてその教材で楽しそうに活動する子どもの様子を見ると「よっしゃー」と、心の中で思ったものです。とにかく、子どもも大人も楽しくて仕方がないのです。

どの子どもにも、自分でできる能力が備わっています。子どもを信頼し、子どもの能力を伸ばすために、大人は「ほんの少し手助けをする」というスタンスを忘れなければ、子どもは生き生きと活動し、大人もニコニコで日々過ごすことができるのです。

この本には、子どもも、大人も楽しくなる秘密がたくさん書いてあります。もちろん、実際の育児においては、この通りにいかないこともあるかもしれません。でも、本を読み終えた時には、今までは「ダメ！」と言っていたお子さんの行動が、「そういうことか」と新たな目で見られるようになるでしょう。

子どものわけの分からな行動やいたずらにも意味があることを知って、新たな子どもの一面に気づいてくださったら、著者としてうれしい限りです。

ぜひ、お子さんの様子を思い浮かべながら読んでください。

２０１５年７月　神成 美輝

知る、見守る、ときどき助ける
モンテッソーリ流
「自分でできる子」の育て方

目次

1章 「子ども」って何だ？

シュコ
シュコ
シュコ

2章

子どものこだわりをヒントに「才能」「能力」を伸ばそう!

3章 「観察→発見→見守る」から始まる、今すぐできる10のこと

4章 「自分でできる子」になる環境の整え方

カバー★志岐デザイン事務所（萩原 睦）
カバー・本文イラスト★横井智美
口絵写真★田中 恵
本文デザイン★浦郷和美
DTP★森の印刷屋
編集協力★黒坂真由子

1章

「子ども」って何だ？

子どもの「わけの分からない行動」には、理由がある

大人になる前は子どもだったのにもかかわらず、私たちはその頃の気持ちをすっかり忘れています。例えば子どもの頃、「絶対に出かけたくない」と駄々をこねたり、「おもちゃを友だちに譲りたくない」と泣いたりしたことなど、断片的な記憶はあるかもしれません。でも、その時の気持ちを思い出そうとしても、なかなか上手くいかないのです。「なんでそんなことにこだわっていたのだろう?」。それが大人になってからの感想です。

ですから、目の前にいるお子さんが（実は、自分の幼少期と同じように！）、駄々をこねたり、イヤイヤをし続けたりすると、「どうして?」「なんでそんなことするの！」とつい声を荒げてしまいます。子どもがそんなことをしている理由が、今となっ

てはまったく分からないからです。

モンテッソーリ教育は、この分野に光を当ててくれます。子どもが、

- 言うことを聞かない
- イヤイヤばかりしている
- 何かにひどくこだわる
- 同じことを繰り返す
- 行動が不明

などなど……。**親が理解できない行動の裏には、子どもなりの理由があることが多い**のです。その理由を私たちに分かりやすく示してくれたのが、イタリア初の女性医学博士、マリア・モンテッソーリです。

日本ではあまり知られていないので、このマリア・モンテッソーリという人とその教育について、少しお話させてください。

子どもを「観察」したマリア・モンテッソーリ

マリア・モンテッソーリは1870年にイタリアで生まれました。女性で初めてローマ大学の医学部に入学し、医学者・科学者の目で子どもを観察し、その教育方法を確立しました。

ローマ大学を卒業したのち、精神病院で知的障がいを持つ幼児の治療教育にあたりました。その時、知的機能に障がいを持っているといわれる子どもたちが、小さなパン屑《くず》を一生懸命集めている姿を見て、そこに知性的な活動があることに気がつきました。**子どもの世界には、大人とは違った感覚、学びがある。子どもは大人とは全く違う世界を生きている**ということを発見し、それを広く子どもの教育に生かすようになったのです。

マリア・モンテッソーリは、通貨がユーロに切り替わる以前は、イタリアの1000リラ紙幣の表にその肖像画が描かれていました。イタリアの人々にとっては、国を代表する教育者であり、誰もが知っている存在であったわけです。

マリア・モンテッソーリは、すべての子どもは、自らを伸ばす力（自己教育力）を持っていると言っています。それは、大人が子どもに教え込む教育ではありません。子どもは自ら、今、伸ばしたい能力を知っていて、**その能力を伸ばすために、大人から見ると「なんで？」と思うような行動をとったり、同じことを何度も繰り返したりする**、という考え方が前提となっています。

子どもは、何度も失敗し試行錯誤を繰り返しながら「できること」を増やしていきます。**大人は子どもの能力を信じ、見守っていく**ことが子どもに対する最大の敬意になります。

ですから、モンテッソーリ教育は子どもの持っている内なる力を信じ、伸ばすために、大人が環境を整え見守る教育であり、主役は子どもです。大人はサポート役に徹します。

子どもを注意深く観察しよう

この本では、ママたちが「なんで？」「どうして？」と思う子どもの不思議な行動とその対処法を、モンテッソーリ教育の観点から解き明かしていきます。もしかすると、ご自身の昔を思い出して「そんなこともあったかも……」と思い出すことがあるかもしれません。

子どものイヤイヤや不思議な行動の秘密を知れば、「同じ道でしか帰ろうとしない」「同じような服しか着ない」といったイライラさせられる行動も、温かく見守れるようになるかもしれません。

知っているか、知らないかで、親の子どもに対する態度は、大きく変わるものです。まずは、「子どもを本当の意味で知る」ということから始めましょう。

勝手に成長中

自ら伸びる子は「敏感期」に秘密がある！

「わけの分からない行動」の裏には、たいていの場合、子どもが大きく成長するポイントが隠されています。

例えば、子どもが道路の横のちょっと高い縁《ふち》の部分を歩くような時。そんなことをされては、なかなか家にたどり着きませんし、危ないので「降りて！」と言ってしまいがちです。しかし、子どもたちはどうも、こうやって縁を歩くことで、バランス感覚を養っているらしいのです（74ページで詳細を解説しています）。つまり、縁歩きは、「運動能力向上にプラスの行動！」。そうと分かれば、危険のない範囲内で、やらせてあげる方がよさそうですよね。

「敏感期」の中に「イヤイヤ期」がある

2章でお話する「敏感期」についても、説明しておきたいと思います。

モンテッソーリ教育で「敏感期」と呼んでいる時期があります。「敏感期」、聞き慣れない言葉だと思います。でも、これが「子どもがぐんぐん伸びる秘密」を握っているのです。敏感期とは、

- ある目的のために
- ある時にだけ
- 何かに対して
- 非常に強く反応する

時期のことです。

ちょっと分かりにくいかもしれないので、子どもの例で見てみましょう。

敏感期の時期は長く、子ども時代全般を通してのものですが、本書では0~6歳の

敏感期に焦点を当てていきます。なぜなら、ママたちを特に悩ませるのが2歳台が中心である「イヤイヤ期」と「敏感期」が重なった時だからです。

それぞれの年齢で「敏感になる」対象は違います。例えば2歳では「習慣にこだわる」子が多く見られます。これは「同じことを同じようにやらないと気がすまない」という時期です。

今朝はいつもより早く出かけなければならず、ママはとても急いでいます。それなのに、よしと君はいつものようにのんびりと準備をしていて、「早くしなさい！」と怒るママの声も耳に入らないようです。メダカにエサをやった後、大好きなパズルを出しひと通り遊び、のんびりと着替えてご飯を食べ始めました。やっと外に出たと思ったら、いつものようにお隣の家の裏でかくれんぼ。「早く行くよ!!」と何度言っても、いつもと全く同じことを、同じ順番で、同じようにしています。

この時期のよしと君は、「敏感期」に入っています。その中でも「習慣」にこだわることで、「秩序」そのものを身につけているのです。つまり、**同じことをかたくなに繰り返すことで、初めて「これが秩序というものだ」と体得していく**のです。武道でいえば、「型」を覚えるようなもの。型を覚えて初めて応用がきくように、**この頃の子どもたちは、敏感期の中で必死に型を身につけています。**

よしと君はまさに、「ある目的のために（秩序を身につけるために）、ある時にだけ（2歳の時）、何かに対して（同じ行動をすることに対して）、非常に強く反応する（敏感になる）」時期にいるのです。

敏感期は、何も人間に特有のものではありません。敏感期自体は人間だけでなく、動物や昆虫にも見られます。例えばウグイスはある時期を逃すと「ホー、ホケキョ」と鳴けなくなります。**小さい頃に鳴き方を覚えなければ、大人になってからウグイスの最大の美点である鳴き方を身につけることができない**のです。

「敏感期は本能」とも言われます。子どもはそういうふうにプログラムされているのです。小さい子どもが何かに特にこだわるという成長に不可欠な行動を、大人は勝手にイヤイヤ期と呼んでいるのです。子どもは必死に、将来の才能、人間関係、社会性などに関わる基礎をつくっています。それを叱ったり、やめさせたり、とめたりすることは、子どもの成長を妨《さまた》げることと同じです。

敏感期を知れば、「子どもはなぜそんなことをしているのか」「なぜ泣いているのか」「何がイヤなのか」が分かるようになります。そして子どもが意図する通りにさせてあげることで、ぎゃあぎゃあ泣くのをとめられるだけでなく、将来の能力をグングン伸ばすことができるようになるのです。

2章では、敏感期の中でも特に「秩序」「運動」「社会的行動」「言語」に焦点を当てて紹介していきます。敏感期の表れる時期は、子どもによってそれぞれ違います。いくつかの敏感期が同時に表れる子もいます。お子さんの言動をよく見て、「今わが子は、なんの敏感期なのか」を見つけていただければと思います。

ウグイスの悲劇

なんでそんなに鳴き方がヘタなの？
小さい頃にうるさいからって鳴かせてもらえなかったんだよ
ホッ ホゲキョ
なんだ？あの鳴き方
？
？
外見はウグイスですが
？

禁止してばかりだと子どもの能力は育たない！

母親が子どもと対立するのはまさにこの「敏感期」です。なぜなら敏感期は大人にとってはイヤイヤ期でしかないからです。

子どもはまったく急がないし、言うことを聞かないし、わけの分からないことにこだわるし……。もう怒る要素が満載！　しかし、先ほどもお話したように、子どもは、将来の能力となる「型」を身につけている最中。怒る、やめさせるということは、その型の習得をダメにすることになりかねません。

洋服をなかなか着替えず「早くしなさい！」と叱っている時、子どもは母親とはまったく別のことを考えています。表面的には泣き叫んで「やだ〜！！！」と言っているだけでも、頭ではいろいろな自分の中での決まり事について分析（！）をしているのです。

「着替えるのはいつもテレビの後って決まってるんだよ（習慣にこだわる）。しかもお兄《にい》ちゃんのTシャツじゃないか。ボクのじゃないよ（所有にこだわる）。ママはTシャツよりズボンを先にはかせようとしたけど、いつもTシャツを先に着るんだよ（順序にこだわる）」

敏感期を知っていれば、母親はこの子にまずこう説明することができるかもしれません。

「今日は旅行に行くから、テレビの前に着替えるよ。お兄ちゃんには小さくなったからこのTシャツは今日からあなたのものだからね。じゃあTシャツとズボン、どちらから着ようか？」

ダメと言わなくても、禁止していることもあります。

それは、親が子どもの意思を先読みして気持ちを言葉に表してしまうケースです。「○○したかったのよね」と、先に先に親が話してしまうと、自分で話す機会を失ってしまいます。「○○したい」と子どもが話したくても、話せなくなってしまうのです。子どもが話すことを知らず知らずのうちに禁止ばかりしていると、「受け身の子ども」になってしまうかもしれません。

敏感期を知らないことで、子どもが成長する大切な時を、そうとは知らずつぶしてしまっている親が多いのです。それは本当に残念なことです。なぜなら、子どもは「自ら伸びる」能力を備えて生まれてきているからです。それを生かすもつぶすも親次第。

怒られて禁止されてばかりの子や、甘やかされ育った子が能力のない子になってしまうのは、親がすべてに手を出すことで、その子の成長の芽をことごとく摘んでいるからなのです。

敏感期なのに……

モンテッソーリ教育を受けた有名人たち

近頃モンテッソーリ教育がビジネスパーソンの間で話題となっているのには、わけがあります。**有名起業家や著名人の中に、モンテッソーリ教育を受けた人が多い**からです。

私たちの周りでは、マリア・モンテッソーリの誕生日8月31日に、モンテッソーリの教具がGoogleのホリデーロゴになったことが話題となりました。実はGoogleの創立者の2人、サーゲイ・ブリンとラリー・ペイジがモンテッソーリ教育を受けているのです。

その他にも、Facebookの創業者マーク・ザッカーバーグ、Amazon.comの創業者ジェフ・ベゾス。Wikipedia創設者ジミー・ウェールズ。それだけでなく、ワシントン・ポスト誌の元経営者キャサリン・グラハム、経営学者のピーター・ドラッカー、俳優で国連平和大使のジョージ・クルーニー。クリントン夫妻、そしてオバマ大統領も。
実際アメリカには3000を超えるモンテッソーリ教育施設があると言われています。

ヨーロッパでもモンテッソーリ教育は盛んで、イギリス王室ウィリアム王子、ヘンリー王子もこの教育を受けています。あのアンネ・フランクもモンテッソーリ教育を受けています。

また、子どもの幸福度ランキングが1位のオランダは、モンテッソーリが晩年を過ごした場所です。現在でも、子どもの約1割がモンテッソーリ教育で学んでいます。自主性を重んじる教育が特徴で、小学校の高学年でも教科を選択することができます。学びたいことを学べる自由な環境が、幸福度ランキングに影響しているのかもしれません。

「子どもと大人は違う」ことを知る！

「モンテッソーリ教育」の生みの親、マリア・モンテッソーリが残した言葉の中に次のようなものがあります。

「教育の基本原則は、子どもと大人は違うということを知ることです」

子どもが大人と違うのは当たり前のことですが、大人になるとついそのことを忘れてしまいます。そして、子どもにとって無理な要求ばかりしたり、禁止ばかりしてしまうのです。

ですから、私たちがしなければならないことは、「子どもはどのような世界を見ているかを観察すること」。そして「見守ること」です。

子どもは、子どもの世界を生きています。その世界は大人とは違ったルールで成り立っています。その中心となるのが、先に述べた敏感期であり、子どもはその敏感期のルールに従って生きているのです。

この本では、2章で行動や思考の型を獲得するための敏感期とはどのようなものか、そして3章では、自ら伸びる子に育つために、子どもをどのように観察し見守ればいいのかを説明していきます。

イヤイヤ期にあるご家庭では、この本の通りに実践するのは、難しいこともあるでしょう。**でも知っているというだけでもいいのです。できなくても、知っているだけでも、違いが出てくる**ものです。

「子どもは大人とは違う」と分かるだけで、子育てが楽になります。また、敏感期を知ることで、それに沿った見守り方ができます。また、子どもの成長に合った環境を整えることで、子どもが自ら伸びる力の助けとなるのです。子どもが生きている世界を知れば、子どもはどんどん成長し、子育てもぐっと楽になるはずです。

2章

子どものこだわりをヒントに「才能」「能力」を伸ばそう！

「敏感期」ってどういうもの？

1歳半〜3歳になると、ある物事に対して非常に強いこだわりを見せるようになります。私たちはその時期を「イヤイヤ期」と呼んでいます。英語にthe terrible twos（魔の2歳）という言葉があるように、国が違ってもこの頃の子どもが扱いにくいというのは同じです。

子どもの「イヤイヤ」、「扱いにくさ」というのは、いったいどこからきているのでしょうか。

なじみのない言葉だとは思いますが、子どもには「敏感期」と呼ばれる時期があります。この時期の子どもは、自分の中にある「秩序」や「ルール」に従わなければならないという、あらがいがたい衝動を持っています。ですから、親が子どもの持っている秩序やルールからはずれたことをしようとすると、泣いて抵抗するのです。ママたちは「またイヤイヤが始まった」と思っているかもしれませんが、**子どもは何かを嫌がっているというよりは、自分の中にある秩序に従いたいと強く思っているだけなのです。**

この「敏感期」をモンテッソーリは毛虫の例を用いて説明しています。

ある種の毛虫の親は、雨風から卵を守るために、木の枝分かれの部分に卵を産みつけます。卵からかえった毛虫の幼虫は、その周りにある葉っぱはかたすぎて食べることができません。その頃、幼虫は光に関して非常に強く反応するようになります。そのため、光を求めて木の上へ、上へと上がって行くのです。

木の上には、幼虫が食べられる新芽がたくさんあります。そこで新芽を食べて大きくなった時には、光への強い反応は失われ、毛虫は下の方に移動するようになります。下の方にあるかたい葉っぱも食べるようになっているからです。このような、

- ある目的のために（新芽を食べるために）
- ある時にだけ（幼虫の時）

- 何かに対して（光に対して）
- 非常に強く反応する（敏感になる）

この時期のことを「敏感期」と読んでいます。

毛虫の幼虫は、柔らかい葉っぱを食べるために、光に対する敏感期があります。**人間の子どもの場合は、「何らかの能力を獲得するために」敏感期が存在します。**

例えば、「順序」へのこだわりは、「目標を設定し、それに向かって段取りが組める」能力として開花します。先ほどの例と合わせて考えると、次のようになります。

- ある目的のために（物事には順序という秩序があることを知るために）
- ある時にだけ（2～3歳の時）
- 何かに対して（順序に対して）
- 非常に強く反応する（敏感になる）

このように順序にこだわるのは、秩序を学んでいる最中の敏感期の特徴です。この

「秩序の敏感期」は、順序、習慣、所有、場所、と4つに分かれています。

敏感期に関して共通して言えるのは、「その時期に獲得することはやさしいけれど、後になると非常に難しい」ということです。1章でもお話ししたように、この頃の子どもたちは、能力の「型」を身につけている最中。例に挙げた「物事には順序という秩序があることを知る」ことなどは、親が後のち身につけさせようとしても、非常に難しいでしょう。しかし「秩序の敏感期」を知り、子どもの順序に関するこだわりを受け入れることができれば、子どもは自然にその能力を獲得できるのです。

この章では、「秩序」「運動」「社会的行動」「言語」の敏感期を取り上げ、決して子どもがただ「イヤ」と言っているのではない、ということを説明します。敏感期とはどのようなものか、将来どういった能力につながるのかも説明していきます。またそれだけでなく、子どもの気持ちを尊重しながら、日々の生活を少しでもスムーズに動かしていけるような具体的な声かけの例も紹介します。

「順序」にこだわる…段取り力を身につける

「急いで!」の言葉に反応しないのは、自分のつくった順序にこだわっているから。

★子どもが急げないのは、順序にこだわっているから。
★子どもの順番を無視すると、混乱してしまう。
★子どもは急ぎたくても、急げない。

順番至上主義

朝の着替えは…
ホラ くつ下はいて
次はTシャツ着るのよ
ちがう ちがう〜〜〜
へ？？
子どもなりのこだわりがあるらしい
上からか…
ムギュ〜
①
②
③
④
ごきげんならいいか…
帽子かぶってからTシャツじゃ着にくいのにな〜
スポッ
プハッ

子どもは急ぎたくても、急げない

急いでいる時に限って、子どもの行動がのんびりしていて、イライラさせられることはよくありますよね。早く出かけるために上着を着せようとしたところ、機嫌を損ねて大泣き……。どうしてこんなことになってしまうのでしょうか。

1歳半～3歳頃にかけての子どもたちは、それまでに身につけた「順序」に非常にこだわります。 例えば「外に出かける」というキーワードから、「帽子をかぶる」→「上着を着る」など、それまでに身につけた順番を守ろうとするのです。その順番を無視して、親が先に上着を着せようとしたら大変！　順序が乱されて、頭の中は大混乱してしまうのです。

この頃の子どもには「それまでに身につけた順序に従わなければならない」という強い気持ちがあります。ですから、**急ぎたくても急げないのです。**

子どもが混乱しないように、どんな順序で子どもが支度をしているのかを見極め、そして、どの部分に時間がかかるのかをよく観察することが大切です。

子どもの中にある答えを引き出そう

とはいえ、毎日遅刻するわけにはいきません。ママにも作戦が必要です。大切なのは子どもの中にある答えを引き出すことです。

「次は〜じゃないのかな？」
「次、何するんだっけ？」

順序にこだわっているのですから、本人はすべきことがきちんと分かっています。ですから、子どもに考えさせ、答えを言わせます。「上着着て！」というよりは、ひと呼吸置いて、「次どうする？」と聞いた方が物事はスムーズに進みます。

ひと呼吸置く暇もない時には、せめて、

「時間がないからお手伝いしていい？」

と聞きましょう。そうすると、手伝われたくないので、自分でささっと終わらせることもあります。また、

「どこをお手伝いしようか？」

と聞き、子どもの支度《したく》する部分を残して半分は大人がするという方法もあります。これなら子どもも、自分で支度ができたと感じて満足します。

段取りをとる練習

親にしてみれば、帽子が先でも上着が先でもどうでもいいことのように思えますが、自分で順序を決めてその通りに行うというのは、**将来「自分で考え、段取りをとる」ようになるための準備です。**目的や目標のために、今何をすべきなのか。過程の部分をどう過ごすかを考える練習をしているのです。将来目標に向かって自ら行動できる

子というのは、この頃かたくなに「順序」を守った子なのです。

★伸びる子に育てるには

順序へのこだわりを認める。親は子どもが「経験から身につけた順序」を乱さない。

「習慣」にこだわる

続ける力を身につける

違う道を行こうとすると怒るのは、「いつもと同じ」がいいから。

★子どもは「いつもと違う」ことがイヤ。
★「同じことを同じように」しないと気が済まない時期。
★突然の予定変更は無理。

子の心、パパ知らず

まりちゃんの登園時の決まり事
ピンポンするー
だっこしてドア解錠のインターホンを押す
ヨッコラショ
ピンポーン
珍しくパパと登園した時の事
!
ピンポーン
イヤァ〜〜
ま…まりちゃん
まり、わがままはダメだよ!
まりがピンポンするのピンポン!
うわぁ〜
じゃあもう一度ピンポンして入りましょう
いえ、甘やかさないでくださいでは、よろしく
え〜!!
わたしも泣きたーい
うわ〜〜ん

予定変更が難しいのはみんな同じ

公園に遊びに行こうとした時、たまたま工事をしていていつもの道が通れませんでした。2歳児クラスの子どもたちを連れた私は、手前で曲がろうとしました。すると、子どもたちは一斉に、「違う、こっちだよ！」と声を上げます。なかには泣きながら訴える子まで。

「行く場所は一緒なんだからいいじゃない」と思えるこんなことも、子どもにとっては大事件。なぜなら、**この頃の子どもは「いつもと違う」ことがイヤで仕方ないからです。**私たちはこの時期を「習慣にこだわる時」と言っています。「同じことを同じように」しないと気が済まない時期なのです。

このような場合は、

「そうだね、そっち行きたいよね。でも今日は工事をしているから通れないの」

と、まずは子どもの気持ちを受け入れ、いつもの道が使えないことを伝えます。

ですからお迎えの帰り道など、「今日はスーパーによってから帰ろう」と考えて、何も言わずに別の道を行くのもキケン（！）です。まずは子どもに、なぜいつもと違う道を行くのかを説明することが大切です。

習慣にしないように気をつける

最初から「習慣にしない」ということも、意外と重要です。

例えば、保育園の入り口のドアを開けるためのインターフォン。子どもは、この「ピンポン」が大好き。これが習慣になったばかりに、毎朝子どもを抱っこして、ピンポンしなければならなくなったママたちが何人もいました。

ある日、ピンポン大好きなまりちゃんが、珍しくパパと登園してきました。パパはまりちゃんの「ピンポンの習慣」を知らなかったので、パパが自分でインターフォンを押してしまったところ、まりちゃんはかんしゃくを起こして大騒ぎに。

私は、

「じゃあ外にもどって、もう一度ピンポンしてから入りましょう」

とそのパパに提案したのですが、パパは、「いや、そんなわがままなこと、申しわけないので」と言ってまりちゃんを叱ります。

でも、まりちゃんは習慣にこだわっているだけなので、いつものようにピンポンできれば、それで解決するのです。保育士としてはその方がありがたいのですが……。

するなら一貫してさせる。
ダメなら一貫してダメで通す。

これが原則です。

右から靴を履くと決めている子がいたり、お昼寝はこの場所でと決めている子がいたりと、さまざまです。親としては、子どもがどんなことを習慣にしているのか、変えてほしくないと思っているのか、しっかり観察するしかありません。しかし、この習慣へのこだわりはずっと続くわけではありませんし、言葉が話せるようになると、何をしたいのか、したくないのかを説明できるようになるため、解決するものです。

親は大きくなってから必死で勉強の習慣を身につけさせようとしますが、この時期に子どもが身につけた習慣を無視していると、後の習慣づくりに影響が及びます。

★伸びる子に育てるには

子どもの習慣を無視しない。何を習慣にしているのか、注意深く観察する。

「所有」にこだわる

……"独占"を経て、"共有"を知る

友だちにおもちゃをゆずれないのは、「自分のもの」が分かるようになったから。

★おもちゃはゆずれなくて当たり前。
★ひとり遊びが楽しすぎて、周りなどまったく見えない！
★独り占めの経験も成長の一部。

知っているだけで気が楽に

地球は自分中心に回っている

保護者の方からいただく相談で1、2を争うのが、「お友だちにおもちゃをゆずれない」というものです。「うちの子はどうしてこんなに欲ばりなんでしょうか」と悩んでしまう方もいます。

それは子どもの中で、「所有」という概念が育っているからです。この時期、子どもの中で地球は自分を中心に回っています！　ですから、ここにあるものは自分のもの。周りなんて見えなくて当然なんです。特に1、2歳くらいの子は、自分でできることが増えることが、うれしくてたまりません。ひとり遊びを満喫することで精一杯。お友だちがどんなことをしているのか、どんなことをしたいのかなど、考える余裕はないのです。

子どもに決めさせよう

大人はすぐに「貸してあげなさい」と言ってしまいますが、子どもにはその理由が分かりません。そんな時は、子どもに決定権を持たせる方法があります。

「これで遊びたいのね。でも○○ちゃんも遊びたいからどれだったら貸してあげられる？」

子どもに貸してあげるおもちゃを選ばせることで、子どもの所有欲を満たすことができます。また、おもちゃの一部を貸すように言うのもいい方法です。

「3つあるけど、1つを貸してあげようか？」

区切りをつけるのも、いいでしょう。

「10数えたら（時計の針が5になったら）貸してあげようね」

区切りをつけると貸せるのは、「今は使っていいよ。でも、後で貸そうね」と、まず子どもの使いたいという気持ちを受け入れているからです。ブランコなどは「10回押したら交替しようね」が定番フレーズです。

独り占めの経験は、その後に生きる

それでもダメなら、「まだ使っているんだって」と相手の子どもに伝えてもいいと思います。「所有」にこだわるという経験を通じて初めて、「自分のもの」と「他人のもの」という違いが分かってくるからです。独り占めの経験は今後のコミュニケーションにつながっていきます。

あるママの話です。

「うちの息子はお友だちにおもちゃが貸せなくて、困っていました。でもある時、『私がこの子におもちゃを貸すように言うのは、いいお母さんだと周りに思われたいからだ』ということに気がついたのです。そこで、とにかく息子の気持ちを優先させるようにしました。ママは自分のことを一番に考えてくれる、ということが伝わったのか、それから行動も安定するようになりました」

自分の子どもがおもちゃを貸せなくても、必要以上にとまどわない。周りのママたちも、そういう子がいたら「ああこの子は今、自分のものにこだわる時期なのね」とさらっと受け止める。

そうすることで、子どもたちは「所有」という概念を自分のものにできるだけでなく、もっとのびのびと自分の好きなもので心ゆくまで遊べるようになるはずです。

★伸びる子に育てるには

「欲ばり」というレッテルを貼らない。おもちゃは貸せなくて当たり前。自分中心に地球が回っている時期を、大切に見守る。

「場所」にこだわる

論理性と善悪の判断を身につける

お客さんがイスに座ると怒るのは、「場所」にこだわるから。

★同じ場所に同じ人や物がないと、気持ちが悪い。
★子どもはイスと座る人はセットで覚えている。
★別の人が座ると混乱してしまう。

そこはだれの場所？

わが家の席順、
ここは…エヘヘ
ここはパパ
ここはゆい
ここはママ
一つ空いた席に娘が…
…だから…なの
○○が好きなの？
ゆいもだよー
えっ、誰と話してるの？まさか…
ゾ～～
ある日の来客時に…
おじゃまします
こちらへおかけください
？
！
そこダメェ～～
謎は解けました
ここはウサコちゃんの席だから座っちゃダメなの！
す…すみません
ホッ
よかった～「見える子」かと思った

同じ場所に同じ人がいないと気持ちが悪い

ある時、「子どもが席をゆずれないのはなぜでしょう?」という質問がありました。そのママの話は次のようなものでした。

「お客さんが来たとき、いつもは私が座っているイスにお客さんを案内したんです。そうしたら、娘が顔を真っ赤にして、『そこはママの席だからどいて!』と。相手に気まずい思いをさせてしまい、私も本当に困りました」

食卓でパパの席、ママの席、自分の席など場所が決まっていると、お客さんが来た時に問題が生じます。お客さんがだれかの席に座ろうとすると、子どもが怒るのです。

そんな時の子どもは、「場所」に神経が研ぎすまされる時期に入っています。

この場所はあの人のもの、この場所にはこのおもちゃなど、同じ場所に同じ人や物がないと、子どもは気持ちが悪くて仕方ありません。**イスであれば、そのイスとそこに座る人はセットで認識しているので、だれか別の人が座ると、子どもはとても困っ**

てしまうのです。

あらかじめ、ことわっておくとよし

そんな子どものこだわりを知っていれば、解決策も見つかります。あらかじめ、ことわっておけばいいのです。お客さんが座る前に、

「ママの席だけど、お客さんにどうぞするね」

と言っておくと納得してくれます。

保育園でも、自分の靴が置いてある靴箱に、ちょっとでも隣の子の靴がはみ出していたりすると、さっとどかします。自分の陣地（！）には、入ってほしくないのです。

子どもはまさに、この世の中がどのように成り立っているのか理解している時期。自分の場所はどこなのか、また他の人の場所はどこなのかにこだわるのは、理論（こ

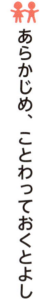

うだからこうなる）、倫理（これはよいことなのか）を理解しようとしているからです。この場所へのこだわりは、将来、道筋だって考えられる論理性と善悪を判断できる倫理観を育《はぐく》みます。

わがままと決めつけない

このような場所へのこだわりはイヤイヤ期と重なることが多いため、ともすると「わがまま」「自分勝手」といったふうな言葉で片づけられてしまうことがあります。しかし、そうではありません。子どもたちは、同じものが同じ場所にあるという秩序を大事にする時期にあるのです。

ですから同じ時期のお子さんをよく観察すると、歯ブラシを必ず同じ場所に戻したり、おもちゃがいつもと同じ場所にあるのを確認したりといった行動が見られます。

「同じものが同じところにあると安心する時期がある」ということを分かっているだけでも、子どもの見方が変わるはずです。

親にできることは、子どもの場所へのこだわりを温かく見守ることだと思います。そして、いつの間にかそういったこだわりはなくなっているものです。あんなに泣いたり怒っていたりしたのが嘘みたい、という日があっという間にきます。

★伸びる子に育てるには

場所へのこだわりを見守る。何か変化がある場合は、あらかじめことわっておく。

「運動」にこだわる…バランス感覚を養い、頭と体を連動させる

ちょっとでも高いところに乗って歩くのは、バランス感覚を鍛えているから。

★将来の複雑な運動につながるバランス感覚が養われる。
★運動することで、頭と体が連動する。
★子どもは体を動かせる喜びにあふれている。

段差にのぼるのは……

お迎えのバスはこっちよ早くしなさい
おっとっとー
フラフラしないの！
あ〜んダメェーママーー
先生、最近この子はこんなことばっかりして
せんせーおはよー
大丈夫、問題ないですよ子どもは線の上を歩くことでバランス感覚を養っているんですよ
気をつけて見守ってあげてくださいね
今バランス感覚が育ってる…
ガマンガマン
わーい
目的地

子どもは段差に乗って歩く生き物

線が引いてあると、線に乗って歩く。朝急いでいるのに、小さい段差に乗ってよろよろ歩く。歩けるようになってから始まり、小学生の頃まで（もしかしたらそれ以上……）子どもは段差の上を歩きます。

急いでいる時に段差に乗られると、ママとしてはイライラするものです。しかし、これは子どもの発達には欠かせない運動なのです。**将来の複雑な運動につながるバランス感覚を、このような日常動作の中で鍛えているのです。**

「危ない、危ない」もほどほどに

歩けるようになり、腕の力も強くなると、気がつけばテーブルやイスの上に乗って遊ぶようになります。そこですぐに「だめよ、危ない」と言うのは考えものです。

この時期、子どもは体を動かせるようになった喜びでいっぱい。今まで赤ちゃんだったのが、やっと立てるようになった。腕の力もついた。足の力を使いたいから、階段をのぼりたいし、腕の力を使いたいから、テーブルにのぼりたくて仕方ないのです。体を動かしたくて、うずうずしているのです。

とはいえ、それをしたらキケンであるということに加えて、子どもの成長に応じて一般的なマナーも教えていかなければなりません。ですから、すべてを許すわけにはいきません。そんな時には、「ここならいいよ」とのぼってよい場所と、のぼってはいけない場所を分ける。もし用意できるのであれば、室内用のジャングルジムのようなのぼれるおもちゃを用意してあげるのも、パワーがあり余っている子にはお勧めです。

また、

「ここはのぼれないけど、今度公園に遊びに行った時たくさん山登りしようね」

と伝えるのもいいでしょう。そして公園に行ったら、約束通り、公園の「お山」や好きな遊具を飽きるまでのぼらせてあげましょう。

全身を動かさずにこの時期を過ごすと、体の動かし方がぎこちない子に育つことがあります。

最近は、ジャングルジムに上手くのぼれない子もいます。頭でイメージしている動きと、体が上手く連動しないようなのです。そのため、ジャングルジムからいきなり手を離して落ちてしまったり、宙づりになって「助けて！」と泣いてしまったりということがあります。

頭と体が連動しない子には「足はまずここにかけて、それから次に手を上に移動して」と、ジャングルジムののぼり方まで一つひとつ丁寧に教えていかなければなりません。そうなると、子どももおっくう。「やーめた」となり、ますます運動から遠のいてしまいます。

見よう見まねで体を動すことができないと、一つひとつの動作が子どもにとってとてつもなく難しいものになってしまいます。**小さい頃に運動をたくさんさせることで、頭と体が連動するようになることは、とても大切なことです。**危ないからといって、バランスを必要とする運動から遠ざけすぎないようにしたいものです。

日頃から散歩の際など、近くにどんな公園があって、どんな遊具があるのかをリサーチしておくと、子どもの「思いっきり運動したい」という欲求に上手く応えることができるようになるでしょう。

★伸びる子に育てるには

危なくない範囲なら、段差にのぼっているのを見守る。この時期に思い切り運動させて、頭と体を連動させる。

「続・運動」にこだわる

指先の動きで脳を刺激し、器用な手先をつくる

ティッシュを箱から出すのは、3本指の訓練をしているから。

★5本指から3本指への移行期。
★子どもはなんでもつまみたい。
★つまむ動作ができるのは、人間の特権。

必死に、人間活動中

?
シュコッ
キャー
何してるの！
シュコ
シュコ
シュコ
やめなさーい
こんなの
うちの子
だけなの
かしら…
検索
z…
へーっ
世界共通
なんだ！
つまむ動作
を学習中か
これからは
大目に
見るかな…
z z

ゴミを拾って見せに来るのには理由がある

電車に乗っていた時のこと。2歳くらいの男の子が、車内に落ちていた小さなゴミを拾って、ママの目の前に突きつけていました。ママの方は、あわてて「汚いから早く捨てなさい！」といって、男の子の手からゴミをとって、ぽいっ。

皆さんにも同じような経験はあると思います。

ママにとって「いったいなんなの？」と思うこの行動ですが、**子どもの側にはやらざるを得ない事情があります。これは「3本指の訓練」なのです。**指の訓練も、モンテッソーリ教育の中では「運動の敏感期」と呼ばれて大切にされています（口絵1、2ページ）。

3本指が使えないと、鉛筆も持てない

赤ちゃんは最初、5本指でしか物をつかむことができません。それはスプーンの持ち方を見ても分かります。最初は5本指を使うために上から「グー」で持っています

が、そのうちに3本指（親指、人差し指、中指）が使えるようになると、下から支えるように持つようになります。

大人になってしまうと気がつかないのですが、私たちは細かい作業を3本指で行っています。鉛筆、おはし、キャップをひねるなど、5本指ではできないのです。子どもの活動に折り紙があるのは、折り紙は3本指を鍛えることになるからです。つまり、**器用さを獲得するためには、3本指の上手な使い方をマスターすることが必要なのです。**

小さな物を拾っている子どもは、3本指の訓練の真っ最中！　3本指が上手につかえるようになれば、今まで拾えなかった小さなゴミまで拾えるようになります。そうなると、子どもは楽しくて仕方ありません。

ゴミを見せに来るのも、「こんなに小さい物がつまめたよ」と伝えたいからです。そう分かると、「汚い！　捨てなさい！」ではなく、ママの口からも違った言葉が出てきそうです。

「こんな小さいものがつまめたのね」

3本指を使って拾えたということに成長を感じ、言葉にして認めてあげましょう。箱から延々とティッシュを取り出すのも、引き出しから洋服を全部取り出すのも、小さな石を集めるのも、みんな同じ理由です。3本指を使う練習なのです。ある1歳の男の子は、段ボールにあったみかんを全部むいてしまいました。みかんをひとりでむいた瞬間は、その子にとって、自転車に乗れた瞬間のようなものだったと思います。しかも今すぐ食べられるなんて！

3本指が使えるのは人間だけ

親指を使って「つまむ」という動作が出来るのは、人間の特権です（口絵2ページ）。先にお話ししたように、モンテッソーリが最初に子どもの教育に踏みこんだのは、知的機能に障がいのある子どもが、懸命に小さなパンくずを拾うのを見た時でした。モンテッソーリの教具に、3本指を使う物が多いのはそのためです。ゴミをつまむ、小さな石を集める、ティッシュを取り出す、シールをはがして貼るなどは、将来の鉛筆、おはしにつながる第一歩なのです。

ですから、汚い、手が汚れる、散らかるなどと思うのではなく、**「今まさに指先を使って、脳を存分に刺激し、道具が使える器用な手をつくっている」と考えて見守ってほしい**のです。

★伸びる子に育てるには

小さいものをつまんで見せに来たら、認める声かけをする。つまむという作業を意識的にさせる。

「お手伝い」にこだわる…貢献する喜びを育む

ママのじゃまをするのは、お手伝いがしたいから。

★子どもは、ママの役に立ちたいと思っている。

★お手伝いを通じて、家族のメンバーとして認められたい。

★お礼は一言「ありがとう」。

誇り高き「プチママ」

本人は役に立ちたいと思っている

すこし大きくなると、お手伝いがしたくてたまらない時期になります。特にお母さんたちが困っているのは、料理です。休みの日など、子どもがやりやすいように準備をして一緒に楽しめればいいのですが、子どもが「お料理したい」というのは、忙しい朝だったり、ぐったり疲れた平日の夜だったり。自分でやった方がよっぽど早い。その通りです。

でも子どもにも、社会的に役立ちたいという気持ちが備わっています。3歳から5歳の子どもたちなど、「ぞうきんとってきて〜」というと、みんなが一斉に走り出します！　ママが「お手伝いをさせることは、社会性の獲得につながる」と分かっているだけでもずいぶん違うと思います。ガミガミ怒らないだけずっといいでしょう。

任せられない時には？

忙しくてとても一緒にできない、まだ子どもには難しいなど、お手伝いをさせられない場面も多々あると思います。そんな時には簡単なお手伝いに変えてもらいます（もちろん納得しないことも多いですが……）。お料理なら「味見をしてもらう」というのはどうでしょうか。これなら小さい子でもできますね。それも難しそうな時には、

「今日はできないの。今度ね」

とちゃんと伝える。そして**大切なのは、その「今度」の約束を必ず守ること。**口約束を続けていると、言うことを信用してもらえなくなります。

「ありがとう」だけでOK

よちよち歩きの子どもでも、気がつけば靴箱からお友だちの靴を持ってきて、お友だちに「はいどうぞ」と渡したりしています。大きくなると、自分より小さな子に靴下を履かせようとしたり、とにかく子どもはお手伝いが大好きです。それは家族という小さな集団、もしくは保育園という大きな集団のメンバーとして認められたいとい

う気持ちが大きいから。そんな時、大人はつい「すごいわね」とほめてしまうのですが、こんな時は、ただ、

「ありがとう」

の一言で終わらせた方がいいのです。なぜなら、子どもは集団の一員として認められたいのであって、ほめられたいわけではないからです。また、あまりにほめ過ぎると、ほめられたいためだけにやるようになってしまい、後で困ったことになります。

★伸びる子に育てるには

できるだけお手伝いをさせる。それが将来の社会性につながる。お礼は「ありがとう」だけで十分。

ボクにもお手伝いさせて

「言語」にこだわる

言葉、文字を身につける

うるさいくらいに口で音を出すのは、話す練習をしているから。

★おしゃぶりや、おやつで、口をふさいではいけない。
★唇の運動は、話す練習。
★他の子どもとではなく、その子の以前と比較する。

「ボクと同じ！」

おしゃぶりで口をふさいではいけない

最近では、歯並びが悪くなるということで、おしゃぶりをさせる人がだいぶ減ってきましたが、口をふさぐことの危険性は、美容の観点のみにあるのではありません。赤ちゃんが「ばぶぶぶぶー」というように口を動かしたり、唇で音を立てたりしているのは、言葉を話す練習をしているのです。

先日もそんな赤ちゃんに、おやつで口封じをしているママを見かけました。電車でうるさくして申しわけないと思ったのでしょうが、**子どもの言葉の成長を考えれば、口の運動のじゃまをしてはいけません。**

言葉への興味の度合いは、差が大きい

3歳頃になると、文字に興味を持つ子が増えてきます。

ある時、お散歩に出かけると、クラスのやまだよし君が看板を見て「あ、ボクと同じ字が書いてある」と気づきました。その看板は、ほとんど毎日見ていたのに、ある

日突然「発見」するのです。それ以来、やまだよし君は街の看板から「『ま』だよ」「『よ』だね」など、自分の名前と同じひらがなを探すようになりました。それが楽しくて仕方がないのです。このように、**ある時期がくると、子どもは突然言葉の存在を感じるようになります。**

ただ、そのような「言語（文字）の敏感期」がこないこともあります。言葉に興味がうすい。そういった場合は、ママが看板を指して、

「けんとの『け』があるよ」

などと教えてあげるといいでしょう。文字に興味がない子に座って書き取りなどをさせるのは、まったくもって逆効果ですから。

また、例えば電車が好きなら、電車の本の読み聞かせをするなど、子どもの興味に寄り添った形で、自然に文字を教えていく方が効果があります。あいうえお表を目のつくところに貼っておくのもいいですね。

言葉の習得に関しては性差も大きく、「クラスで女の子はお手紙交換をしているのに、うちの息子は名前も書けない」といった話をよく聞きます。何に関してもそうですが、他の子どもと比べるのではなく、その子自身が半年前、1年前と比べてどれくらい成長したのかを見てあげることが大切です。

★伸びる子に育てるには

小さい頃から口の運動のじゃまをしない。うるさいと感じても、見守る。看板の文字を指し示すなど、無理なく子どもの興味を引き出す。

他の子と比べない

!
ゆいちゃんにお手紙書いたよ
ゆいもまりちゃんに書いたの
ママー今日 字のれんしゅーしたよ
わ～～名前書けたね
う～んこの差はちょっと…
一年前よりずいぶん上手くなったね
比べちゃダメよね
一年前のノート
もっとれんしゅーする～

「続・言語」にこだわる…好奇心を育み、知性を伸ばす

「なんで、どうして?」と何度も聞くのは、好奇心が育っているから。

★質問をするのは、好奇心が育っている証拠。

★答えられなくてもOK。図鑑を本棚に置いておくとよい。

★「調べてみたら?」と促す。

このお洋服は……？

ものがどこから来たのか
気になるゆりちゃん
お洋服もどこで買ったか
ママから聞いて教えてくれる
へーー
このTシャツは
デパートで
買ったの
このスカートはね
「こじんゆにゅーー」
したんだよ
このくつは
アメリカの
おみやげなの
へーー
すごいねー
ねえ先生
このお洋服は
どこで買ったの？
…
近所の
スーパーなんて
言えない…

質問期は子どもが大きく伸びる時期

子どもがある程度大人と意志疎通ができるようになってくると、「質問期」と呼ばれる時期がやってきます。

3歳のゆうき君は、物がどこからやってきたのか、気になって仕方がありません。給食の食材についても「この玉ねぎどこで買ったの？」「八百屋さんだよ」。「じゃあこのお肉は？」「スーパーだよ」。「ねえ、このプリンは？　このお茶は？」……。永遠に続く質問攻撃に、私は思わず「早く食べなさい！」と言いそうになりましたが、そこはぐっとこらえました。

この好奇心の強さは、そのままその子の知性の伸びにつながるからです。実際、**先生が疲れてしまうほどどこういった質問を発する子どもは、小学校受験に成功することが多いのです。**学校側は好奇心おう盛な子を求めています。ですから、「そんなこといいから、早く食べなさい！」などと間違っても言ってはならないのです。

答えられなくても大丈夫

ただ、簡単に答えられる質問ならいいのですが、親も知らないことはたくさんあります。その時には、

「じゃあ、調べてみよう」

と載っていそうな図鑑を教えてあげて一緒に見ます。もちろんもっと大きくなって文字が読めるようになったら自分で図鑑を読んで調べるのもよいと思います。身近な環境に図鑑を置いておくことはとても大切です。なぜなら、子どもにとって、**現実世界のものを図鑑の中に見つけることは「大発見！」だからです。**そういう経験を重ねた子は、自ら調べることが楽しくて仕方がなくなります。

すべての図鑑をそろえることはできないので、気になったものがあれば、写真に撮っておいて図書館で調べるのもいいと思います。「調べれば何でも分かるんだ！」と実感することができますし、**親になんでも教わるというのではなく、自分で答えを見つ**

ける学習のクセをつけることができます。

★伸びる子に育てるには

できるだけ質問の相手をする。
答えが分からない時には、文字が読めなければ一緒に調べる。
文字が読めるようになったら、図鑑で調べるように促す。

3章

「観察→発見→見守る」から始まる、今すぐできる10のこと

「観察→発見→見守る」で子どもの才能が伸びる

子育てで大切なことは、まずはその子をしっかり「観察」することです。「観察」する。つまりよーく見ること。今うちの子はどんなことに興味があり、何がしたいのか。なぜそれをしているのか。何に興味があるのかを、しっかりと見つけることが大切です。**母親は科学者、というくらいの気持ちで子どもを見つめてみましょう。**多くの発見に驚かれることと思います。

子どもの成長は型通りにはいきません。○歳○カ月だからこれをしなくちゃ、あれができなきゃ、と焦《あせ》る気持ちも分かりますが、その通りに育児が進むわけはないのです。それより、**今、目の前にいる子どもが、何をしたいのかを「発見」して、それに合ったサポートをしてあげる方が、ずっとその子の成長を助けることになります。**

また、自分が望む「理想」を追い求めるあまり、目の前の子どもをまったく見ていない親御さんもいます。

以前、「うちの子を東大に入れたいと思っているんですが、そのためにはどの小学校を受験したらいいでしょう」と相談に来たママがいました。息子さんはまだ2歳。ミルクばかり欲しがってご飯を食べないので、園ではその対応におわれているところでした。

今すべきことは、東大の受験について悩むのではなく「ミルクをやめること」。先のことばかり見て、今のその子を見ていないために、何が問題なのかすっかり分からなくなってしまっているのです。

結局、その子はお受験の塾に行き始め、塾通いがストレスなのか保育園で荒れるようになり、ママが「保育園が合わない」と言って退園してしまいました。

手を使うことに一生懸命な時期だったので、無理に勉強をさせるよりも、公園で石拾いをしたり、ものをつまむ遊びをしたりした方が、結果的には将来東大に行く確率が高まるのに……と思ったものです。

また、習い事などにも、親の期待が表れます。今お子さんが習っていることは、「本当に」お子さんがやりたいと言って始めたものでしょうか。ママやパパの希望がその裏にありませんか？　さりげなく、促してみたり……。

ある進学校に通っているお子さんのママは、何事においても子どもの意見を尊重したといいます。習い事を決める時にも、20件も体験してまわり、その中から息子さんが「やりたい！」と言った空手に決めたそうです。

このようなことをするのは、手間も時間もかかります。しかし、その子の興味がどこにあるのかを「発見」するためには、とても大切な手順だと思います。

子どもの中にある才能を伸ばしたいという強い気持ちが、かえってその子の才能をつぶすことがないように、この章では、子どもの「観察」および「発見」の仕方、そしてたぶん私たちが一番苦手な待つこと、つまり「見守る」ことについて、お話ししていきたいと思います。ママやパパがすぐに実行できることを「今すぐ」としてまとめていますので、今日からチャレンジしてみてください。

母親は科学者

キャー
食べちゃ
ダメー
あ〜
1
うわ〜ん
これは ゴミよ
なんで こんなこと ばっかり するの!
ウィーン
2
はっ
「なんで」って この子は そうか まだ 10ヵ月
うあっ うあ うあ
3
見るもの 聞くもの さわるもの 全て初めての 体験なんだ… 大人の理屈が 通じるわけ ないのよね…
よし よし
ひっく ひっく
4
この子の「なんで」な 行動を よ〜く観察 したら もっと成長を 助けられる かも…
私も母親歴 10ヵ月なんだった
5
子育てって 赤ちゃん研究 みたいね
つまむ ひっぱるが 楽しい …か!
シュコ
シュコ
6

観察する…子どもの「興味の中心」を見つける

子どもを観察してみよう！

ここ大切！

★何が好き？

★何をしたいの？　なぜそれをしているの？

★ひとり遊びが好き？　お友だちと遊びたい？

「好き」もいろいろ

ともちゃんは工作が好き
えいっ
のぶとくんは運動が好き
ウィーンガガガガー
あの～先生……
うちの子はショベルカー好き、なんですがどう伸ばしたらいいでしょう？
……

「電車好き」をどう伸ばす?

「工作が大好き」「運動が大好き」と、なんとなく伸ばしやすい興味を持っていればいいのですが、なかなかそうはいかないものです。

のり君は大の電車好き。暇さえあれば、電車のレールを出して遊んでいました。電車の名前は細かいところまでばっちり。大人が知らないものまでしっかりと頭に入っています。ママから見て一見、その先へとつながりにくいと思える電車への興味ですが、これを起点にどんどん世界は広がっていきました。

私は、のり君をお散歩の途中で駅に連れて行きました。そして、「駅員さんにお願いして、路線図をもらっておいで」と言いました。のり君は思い切って駅員さんに声をかけ、路線図をゲット! うれしそうな顔で私にも見せてくれました。

園に帰ったら、それを壁に貼りました。そして、「園はどこかな?」「のり君のおうちは?」などといって印をつけていきます。「この前スカイツリーに行ったよ」と言うので、スカイツリーの写真を探して、路線図の上にペタペタ。「ついでに東京タワーも貼ろうよ」と言うので、それもペタペタ。

路線図を手に入れてからは、「ここに行くにはここで乗り換えて……」と、乗り換えまで考えられるように！　今では駅名の暗記を楽しんでいます。

電車の名前を覚えるだけだったのが、その興味を中心に、駅、地図、そこで働く人とどんどん広がっています。このような広がりが生まれるのは、その中心に「電車」という強い興味があるからです。

子どもの興味の中心さえ見つけることができれば、こういった広がりを得ることができるものです。まずは子どもが何に本当に興味があるのか、じっくり観察してみてはいかがでしょうか。「ここを伸ばしても仕方がないのでは？」と思われる興味もあるかもしれませんが、きっと何かにつながります。

子どもは自分が伸ばしたいところを知っている

5歳のミユちゃんは、家のものを壊してばかりいました。その様子を見ていたママは「もしかして！」とひらめき、小さなドライバーのセットを買ってきました。そうすると、ミユちゃんは目を輝かせ、壊れた機械などを次々と分解し始めたのです。ミユちゃんには「中が見たい」という強い衝動があったのです。

それからは、壊れた機械や道具はすべてミユちゃんにあげて、好きなだけ分解をさせました。そんな分解遊びが1年ほど続いた頃、ミユちゃんが「ロボット教室に行きたい」と言い始めました。「中を見たい」という気持ちから、「つくりたい」という気持ちに変わったというのです。今では男の子ばかりのクラスにひとり混じって、ロボットづくりを楽しんでいるそうです。

親ができることは、その子が持っている「本来のもの」を伸ばすこと。実際にそれしかできないのです。「ここが伸びてほしい」という親の願いは、子どもにとってはほとんど関係ありません。運動が下手な子に、プロ野球選手になれといっても無理なのと同じです。

口絵3ページにもドライバーを使う女の子が載っていますが、女の子だから、男の子だからといった決めつけにも注意が必要です。**子どもは自分が伸ばしたいところが分かっています。観察を通じてそれに親が気づいてあげる**ことは、とても大切だと思います。

子どもの興味はいろいろ

自由に選択させる…「選択肢」を与えて判断力を育む

子どもに選ばせてみよう！

ここ大切！

★小さい子なら2択から。
★大きくなるにつれて、少しずつ選択肢を増やす。
★イヤイヤの時にも選択は有効。

「私がルール」のファッションセンス

0歳でも選択できる

「～しなさい」と言われるのがイヤなのは、大人も子どもも同じです。いつも親が決めたことをするだけでは、子どもだってやる気を失います。

0歳でも選択はできます。例えばガラガラ。音の違う2つのガラガラを一緒にかごに入れておくと、赤ちゃんは好きな方を選びます（口絵3ページ）。思えば、ずっと小さい頃から「ママの右のおっぱいがいい」などと、選んで飲んでいたりするものです。

小さいうちは、2択。大きくなるにつれて、選択肢の数を増やしていきます。選択肢が増えるということは、それだけ頭を使うということです。子どもが混乱しないためにも、選択肢の数には注意を払いたいものです。

子どもがいつも同じ服しか着ないのも、選択の結果です。全身ボーダーの子がいれば、シャツ、ズボン、靴下、パンツ、全身レインボーの子も！　そんな時にどんな声かけをしたら、子どもを伸ばすことができるでしょう。それは、

「全部レインボーにできたね」

です。全部そろえられたことがすごい。そこをほめてあげましょう。

実際に、小学校に上がる前の子どもたちは、変わった組み合わせの洋服を着ている子が多いものです。そのことについて、ママはあまり気にしなくてOKですよ。

それでも気になるようならば、子どもが洋服を選択する前に、あらかじめママがある程度着て欲しい洋服を何パターンか選別しておきましょう。そうすれば、子どももすんなりママが着て欲しい洋服を選んで外に出かけることができるでしょう。

せっかく買ってあげたおもちゃで子どもが遊ばないのも、自分で選んだものではないからかもしれません。「木のぬくもりのあるおもちゃを……」というお気持ちは分かりますが、**子どもがそのおもちゃに対して興味がなければ、1万円したおもちゃでも子どもにとってはただのガラクタです。**100円ショップで自分で選んだ方が、よっぽど喜ぶことも……。

選択するという行動は、考える力につながります。単におもちゃや洋服選びにとどまらず、**何か困難にぶつかった時にも「どうすればいいのだろう」と考えるようになる**からです。

選択することができないと、いつでも「ママ、～はどうしたらいい？」と親に判断をゆだねるようになってしまいます。これでは自主性は育ちません。**選択の結果よりも、「選択をする」という行為に価値があります。変なコーディネート、つまらないおもちゃ（大人にとって）を選んだとしても、万事ＯＫなのです。**

ボクも自分で選びたい！

ばぁばからのおもちゃ
ほらほら歩くあひるちゃんよー
興味なし
……
ドイツ製木工
じいじのおもちゃ2分で飽きる
ポイッ
もうがっかり……
!
すみませんお義父さんお義母さん
100
そうか！自分で選びたかったのね
チロリンチロリン
100円ショップのおもちゃ
100

今すぐ③

見守り、挑戦させる…

「教えない教え」で、やる気と自信、気づきの機会を与える

子どもにやらせてみよう！

ここ大切！

★安全を確保し、挑戦させる。

★間違っていても、なおさない。

★「教えて」と言われるまで、教えない。

な、なおしたい……

方法を簡単に教えない

モンテッソーリ教育では、まず先生が子どもに道具の扱い方を見せ、それから子どもに取り組ませます。その中で教師に求められるのは、子どもが間違っていても教えない、ということです（口絵6ページ）。これはけっこう難しいことなのです。私も教えてあげたくなってしまいます。おうちでもそうですよね。

でも、**ここで教えてしまうと、子どもが自分で試行錯誤する機会を奪ってしまいます。**失敗をして、新たなやり方を見つける、もう1回最初からやってみる、といったことを繰り返すことで、自分で一番いい方法を見つけることができます。

ですから、**子どもの方から、「手伝って」「助けて」のサインを見せるまでは、大人はじっと待った方がいいのです。**大人が「この子にはまだ無理なんだ」と判断して声をかけると、「ああ、ボクにはできないことなんだ」と最初からあきらめてしまい、せっかく考えようとしている子どもの気持ちを台なしにしてしまいます。こういったことが続くと、子どもは自分に自信が持てなくなるものです。

やる気のある子どもを育てるには大人がじっと待つこと、これが大切なのです。

それに子どもだって、一生懸命に取り組んでいる時に、横から「ちがう、ちがう」と言われるのって、いやですよね。せっかくのやる気もしぼんでしまいます。

もし、間違いを極端に恐れるような子であれば、

「間違ってもいいから、やってみれば。分からなかった聞いてね」


と言ってあげるとよいですね。子どもから「教えて」と言われて初めて教える。そういった癖をつけるとよいと思います。

ついつい先回りして教えてあげたくなりますが、そこはぐっとがまん。**失敗する、試行錯誤することで、子どもの才能は伸びていく**ということを忘れないようにしたいものです。

大人は待つのが苦手

子どものしつけにおいて、皆さん苦労されるのが「待つ」ということです。私たち大人は、本当に待つのが苦手。子どものこととなるともう、少しも待てません！

「間違いをなおさないで、そのまま覚えちゃったらどうするのですか？」と聞かれることがあります。大丈夫です。**いつか子ども自身が気がつきます。**鏡文字を書いていても大丈夫、いつかなおります。

気がつくのは、なおるのは、今日、明日かもしれないし、1年後かもしれません。それでも待つ方がいいのです。子どもの人生は始まったばかり。今日、明日の結果を求めるのではなく、長い目で見ていきましょう。子どもを信じて待ちましょう。もちろん、質問された時は、ちゃんと教えてあげてくださいね。

安全を確保しつつ何でも挑戦させよう

ちょっと難しいことにも、どんどん挑戦させましょう。**モンテッソーリの活動で皆**

さん驚かれるものに、縫《ぬ》い刺しと、アイロンがけがあります（口絵3ページ）。

縫い刺しは、太めの本物の針を使って、布や厚紙の決められた穴に針を通していきます。ちょうど簡単な刺繍《ししゅう》をする感じです。

また、アイロンがけは、パッチワーク用の本物のアイロンを使います。もちろん熱いです（笑）。使い方をきちんと説明して、見守っていれば、大きな危険はありません。また、「本当に熱い。触るとやけどをする」ということを分かっている方が、結果として大きな事故にはつながらないのです。

アイロンの熱さを分かっている子は、家のアイロンも絶対に触りませんから。

今すぐ④

ゆっくり見せる…「教える」時は、1つのことだけに集中する

スローモーションで見せよう！

ここ大切！

★見ていてほしい時には、話しかけない。
★聞いていてほしい時には、見せない。
★「分かった？」と確認しない。

こんなふうに説明しよう

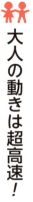

大人の動きは超高速！

子どもにとって、大人の動きは早送りのDVDを見ているようなものです。ですから、普通のスピードで何かを教えても、まったくついていくことができません。また、子どもにとって手と耳を同時に働かせることはとても難しいので、口で説明をしながら何かを教えても、混乱するばかりです。まったく覚えることができないのです。

子どもに動き方を伝える時には、

①子どもが分かるように、ゆっくり見せる
②見せる時と聞かせる時を区別する。言葉での説明を同時にしない

ということを意識してください。

例えば、飲み物の注ぎ方を教える時に、「コップにこうやって注ぐのよ」と注ぎながら言うだけでは、子どもはどうやっていいのかまったく分かりません。また、詳しすぎる説明というのも子どもには考えもの。「このピッチャーの取《と》っ手《て》の部分をこんなふうに持って、コップのふちまで持ってきて注ぐのよ。一気に入れると、こぼれてあふれちゃうかもしれないから気をつけながら注いでね」などと言っても、たぶん、途中から聞いていないかも！

また、お母さんがいつも注ぐスピードで見本を見せていたら、目もついていけません。でも、お母さんが「分かった？」と聞いたら、きっと「うん」と言うでしょう（笑）。

何かを教える時には、必要なことだけを言葉で伝えます。大切なのは、

- 見ていてほしい時には話しかけない
- 聞いていてほしい時には見せない

ということです。さらに、最初に使う指を子どもの前に示します。

例えば小さなピッチャーを使う時、それが3本指で持つくらいの取っ手のついたものなら、親指、人差し指、中指の3本を最初に子どもにしっかり見せてあげます。使う言葉は「ね」という確認くらいです。

- 1　まず使う指を見せる。小さいピッチャーで飲み物を注ぐなら3本指を見せる
- 2　その3本指で、ピッチャーの柄をゆっくりとつかむ
- 3　ゆっくりと持ち上げる
- 4　ゆっくりとコップに注ぐ。「はい終わり」と言う

　＊この間（1〜4）、言葉を使わない。「ね」くらいの確認はOK。

「使う指を見せる、言葉で説明しない、スローモーションで動く」を意識するだけで、子どもの〝のみこみ〟はぐーっと早くなります。もちろんこういった説明の仕方は、時間も手間もかかります。スローモーションで行うのですから、なおさらです！　しかし、この手間を惜しまなければ、何度も何度も同じことを説明しなくてすむのですから、試してみる価値はあると思います。

忙しいママたちは、目も耳も口も一緒に動かすことができます。ラジオを聴きながら子どもと話し、ご飯の支度《したく》をする……。子どもには、とてもそんな芸当はできません。

何かを教える時には、子どものどこにうったえているのか、子どもの目なのか耳なのかを考えるといいと思います。

教え方の練習をする

私たちモンテッソーリの教師は「教え方」の練習を何度もします。それは、子どもが何か新しい道具を扱う時に、余計な動きをしないでスマートに本来の目的を達成してほしいからです。子どもに何か教える際には、一度「どのように教えたらよいかな?」と考えるといいと思います。

実際に、**教える時に余計な動きを入れると、子どもはそれも含めて覚えてしまいます。**教え方は、ムダのないものでなければならないのです。

子どもを待つ

待ち時間は「考える力」が伸びる時間と心得る

子どもを待ってみよう！

ここ大切！

★子どものペースに合わせれば、できるようになる。
★大人はとにかく時間に余裕を持って行動あるのみ。
★時には子ども自身に判断させる。

結局同じ時間……

ほら、早くしなさい！
あー！自分でするー
やだ 自分で！
ちょっと
会社に遅れるじゃない
うわ〜ん
園に行ってから履きなさい！
ちょっとあせるな〜〜
自分で履くよ
モタモタ
早くして〜おねが〜〜い
あれっ？えっと…
よいしょ
よいしょ
さあ行こうね
しゅっぱーつ
ホッ

子どものペースで進める

「早くしなさい」が口癖になっている大人は多いものです。朝の忙しい時間に、何でものんびりされたら、だれだって頭にきますよね。でも、**大人には「のんびり」に見えても、子どもは大人が思っている以上に、考えている**ものです。

2章でお話ししたように、順番を守ったり、習慣にこだわったりするなど、子どもの中には「厳しい秩序」がありますから、そう簡単に物事は進められないのです。

とはいえ、どうしても待てない、という時もあります。そんな時には、

「今日は急いでいるからね」

とあらかじめ説明しておくと、分かってくれることもあります。また、どうしても手伝わないと、物事が進まない時には、

「お手伝いしてもいい?」「お母さんがやってもいい?」

と聞いて、子どもに判断させると、結果的に早く進む場合が多いのです。

ただ、子どもの気持ちを無視してお手伝いするのは絶対にやめましょう。

「お母さんは自分のことを分かってくれている」という信頼関係があるからこそ、「お手伝いしてもいい?」が有効なのに、無視してしまうと信頼関係が崩れて、お手伝いさせてくれなくなります。

今すぐ⑥

察するのをやめる…知らんぷりは「伝える力」を伸ばす

察してあげることをやめよう！

ここ大切！

★目でうったえても、気がつかないふりをする。

★子どもが言葉にするまで待つ。

★小さな子には、「Yes」「No」の質問をする。

お茶は走ってこないよ

子どもが言葉にするまで待つ

大人は子どもの気持ちを察して、先回りして動くことが多いと思います。お茶がほしいと目でうったえれば、何も言わなくても用意してあげるママたちは多いでしょう。小さな子どもだって、上手に目でうったえますからね。

でも実は、この**「察してしまう」ということが、意思を自分で伝える訓練のさまたげになっているのです。**自分の気持ちを言葉にして伝えるというのは、とても大切なこと。その練習の機会を奪わないでほしいと思います。

例えば、すごく小さい子であれば、大人が質問することで意思を確認することができます。コップを持ってママのところにやって来たら、

「お茶ほしいの？」

と一言聞く。そして「うん」とうなずいて初めて用意するのです。

大きな子であれば、「お茶」と言われることもしょっちゅうだと思います。でも、

きちんと言うまで親はがまん。私はいつも、

「お茶がどうしたの？」

と子どもに聞き返します。そして「お茶ください」と言えるまで待つのです。

食べることが大好きな3歳ののぶ君は、園での給食の時間、いつも何をおかわりしたいのかを、目でうったえていました。先生もそれを察して、のぶくんが欲しいものをきちんとあげていました。そんなことが続いていたので、4歳になろうという時でも、言葉がなかなか出てきません。そこで、先生は「○○ください」と言うまで、おかわりを出さないことにしたのです。もちろんのぶ君はあっという間にメニューの名前を覚え、きちんと「○○ください」と言えるようになりました。

察するということは、いいことと思われがちですが、子どもの成長を考えると必ずしもそうとは言えないのです。子どもの考える力を大人が阻止しないように、大人は辛抱強く待った方がいいのです。子どもの気持ちをくみとりすぎて、自分で考えて言葉を使うことのさまたげになっていないか、もう一度振り返ってみてください。

今すぐ⑦

ルールを設ける…危険なものとルールは、「同時」に与える

ルールを決めよう！

ここ大切！

★自由に遊ぶ時にも、ルールを決める。

★道具の使い方のルールを教える。

★使う場所を決めることで、危険を防ぐ。

アシスタント、始めました

自由に遊ぶ中にもルールを

自由の中にルールを持たせることも、大切です。

遊びであれば「おにごっこ」などは、いいですね。**きちんとルールがあり、それを破ると楽しめなかったり、お友だちとの間でトラブルになったりということが学べます。**ルールはだいたい2歳くらいから分かるようになります。ですから、少しずつルールのある遊びを取り入れていくのがいいと思います。

はさみにもルールを

子どもが初めて使う「危険なもの」といったら、はさみです。危ないからとハラハラ見守るだけではなく、使う時には必ずルールを伝えましょう。言い方は簡潔に。

「はさみは、危険なの。だから振り回しちゃダメ」
「この場所で使ってね。イスからは立たないでね」

危ない道具を使わせる時には、最初に、

- 危険なものであること
- 使う場所が決まっていること

をきちんと伝えましょう。この道具には使うためのルールがある、ということをしっかり教えることで、子どもはより多くのことにチャレンジすることができます。

モンテッソーリの園ではおおよそ、1歳から包丁、2歳からはさみ、3歳から針、3~4歳からアイロンを使います（口絵3ページ）。もちろんすべて本物です。ちゃんと切れるし、ちゃんと尖《とが》っています。アイロンも熱いです。危ないからと切れないはさみを使えば、子どもも面白くないですし、力を入れすぎたりして逆に危ないのです。

ルールをきちんと伝えて、後は見守る。そうすることで、小さな子であっても、たいていのものは上手に使えるようになるのです。

オーバーにほめない

子どもは「ほめられる」より「認められたい」

ほめるのではなく、相手を認めよう！

ここ大切！

★すぐに「すごいね」と言わない。

★「できたんだね」「よかったね」と共感する。

★ご褒美でつらない。

ボタンをはめることができて、すごーい!?

子どもは「そんなにすごくない」と思っている

子どもが「できた」と、何か大人に伝えてきたとき、「やった〜。すごいね〜」とオーバーにほめてしまうことはよくあります。しかし、**子どもはそんなとき「ああ、やっとできた」などと思っています。**

子どもが努力している過程をきちんと観察していないと、親はいきなりできたように思えるため、「すごい！」という言葉が口をついて出てしまいます。しかし、子どもは、何度も失敗してようやくできるようになったので、「ああ、やっとできた」「これだけ練習したんだから、できて当たり前」「そんなにすごくはない」と思っていたりするのです。

子どもがうれしいのは、親に認めてもらうこと。ですから、

「そうだね。できたね」

と言ってあげればいいのです。もしくは、

「よかったね」

と「共感」すればいいでしょう。

ほめるというのは、言って見れば上から目線。ご自身も自分の上司を「ほめる」ということはしないはずです。それに対して**共感は、子どもと同じ目線に立っています。**

ご褒美が目的とならないように

トイレトレーニングなどで、できたらご褒美、というのも考えものです。それ自体が目的となってしまうと、**ご褒美がないと頑張れない子になってしまうからです。**

同じ理由で、ほめすぎるというのも問題です。ほめられること自体がご褒美になり、「ほめられたいから何かする」というふうに考えるようになるからです。

大人はついついほめてしまいがちですが、実は、**子どもは親に認められる方が好きなのです。**

今すぐ⑨

共感する

共感すれば、「チャレンジ精神」が向上する

子どもの気持ちになってみよう！

ここ大切！

★子どもの気持ちを想像する。

★うれしいことにも、イヤなことにも、共感する。

★ほめなくてよい。

ボクの喜びは、みんなの喜び!?

子どもの気持ちに共感する

1歳半〜3歳くらいまでの子どもは、いわゆるイヤイヤ期と呼ばれる時期に突入していきます。大人は、なんでも「イヤイヤ」という子どもに、いつもイライラしてしまうものです。そんな時の対処法のひとつは、

「イヤなのね。でも今から○○するからお片づけしよう」

というように、**いったんやりたくない気持ちを大人がちゃんと受け入れるとよいのです。**大人が自分の気持ちを分かっていることが伝われば、子どもは「大人は分かってくれているんだ。じゃあお片づけしようかな」と前向きな気持ちになるものです（もちろん、いつもというわけにはいきませんが……）。

大人との信頼関係が構築されれば、大人の都合でできないことがある時でも、「やりたかったね、でも今はできないの」というひと言で、子どもは納得するようになります。

なぜ集めたものを見せに来るのか

イヤイヤばかりではありません。日常のなんてことはないことに、大人が共感するということも、信頼関係の構築に役立ちます。

例えば、ダンゴムシを20匹ほど集めて、手の上にうじゃうじゃとのせて見せにきた時。私だってもちろん「イヤ〜！！！」と言いたいのですが、そこはぐっとがまん。子どもの気持ちにシフトしてみると、こんな言葉が出てきます。

「こんなに集めたんだね」

ほめる必要はありません（笑）。たくさん集められてうれしい、という気持ちに「共感」しましょう。**うれしいことも、イヤなことも共感することで、子どもとの心の距離がぐっと近くなる**のです。親から信頼を受けている、という気持ちが芽生えれば、子どもは安心してどんどん挑戦することができるようになります。

失敗させる

⋮失敗を「見守る」勇気が、学力向上につながる

失敗をたくさんさせよう！

ここ大切！

★間違っていてもなおさない。
★やめる寸前に声をかける。
★友だちとの関係も失敗していい。

間違えていても、見守る

子どもは失敗しながら成長する

子どもが何かをしている時に間違っているのが分かると、親はつい教えてしまいます。教えないで子どもが気がつくまで待つ、というのはなかなか難しいものです。でも、**子どもは失敗から本当に多くのことを学びます**（口絵6ページ）。

例えば10個のピースのパズル。4個目のピースをはめる時に間違ったものをはめた子に、「ここ違うよ。こっちだよ」と正しいピースを教えてあげれば、確かに早く正確にできるでしょう。でもそのために、試行錯誤する機会が失われてしまいます。

間違っていても、あえて言わない。何もいわないずに見ていると、9個目のピースをはめる時に、気がつく。あれ、はまらないと。そんなとき、子どもの頭はフル回転しています。どこが違うのだろう、ここを変えてみようか、このピースに似た形のピースはどれか、など。

もし、子どもがイライラしだして、やめようとしたなら、その寸前に、

「どうしたの？」

と声をかけます。そして子どもが「分からないから、教えて」と言ってきたら、その時に初めて教えるのです。その時も「このピースはここで、このピースはここで……」とただ正解を教えるのではなく、

「やってみて。分からないところだけ教えるから」

と言います。そうすると、子どもは「ここが分からない」ということを、自分で納得することができます。

勉強の心得に「『分からないところ』が分かる、ということが大切だ」ということがありますが、**小さい頃の失敗の積み重ねが、「分からないところが分かる子ども」、つまりは勉強が得意な子どもへとつながっていくのです。**

- 1 まずは見守る
- 2 失敗させる

・3　イライラしたら声をかける
・4　聞かれたら教える

このステップを踏むようにしたいですね。

「全部分かんない」と言う子には……

「全部分かんない」と言う子もいますね。そんな子には、最初からやってもらいましょう。それでも上手くいかないなら、「見ていて」と言いながら一緒にやると納得することもあります。最初から「それじゃダメ」といったら、考える力は育ちません。

もえちゃんのお気に入りの先生は、大石先生。その理由を聞くと、「教え方が上手だから」。もっと聞いてみると、「だって、ポイントだけ教えてくれるから。最後まで教えないのがいいの。自分で解きたいんだもん。全部説明されるとイライラするの」。

子どもは自分でやりたいのです。

人間関係も同じ。失敗させよう

失敗してこそ考える、というのは友だち関係でも同じです。友だち同士のいざこざにも、なるべく声をかけないようにします。そうやって子どもは学んでいくからです。どうやって立ち振る舞ったら、人と上手くやっていけるかというのは、とても大切なことです。そして、そういう経験がないとできないものです。

人間関係も失敗していいのです。特に子どもの頃にたくさん失敗しておくといいですね。そうすれば、思春期になってから、大人になってからの人間関係の難しさも、乗り越えていけることでしょう。「あの子に嫌いって言われたから、次の友だちを探そう」といった経験をしておくことは、大切です。

親は子どものためを思って、なるべく失敗させないようにと頑張る傾向があります。でも、一生失敗しない、という人はいません。そうであるなら、**小さいうちからたくさんの失敗の経験をさせて、失敗への対応能力をつけておく、失敗への免疫をつけておく**方が、将来的に大きく失敗しないことにつながると思います。

4章

「自分でできる子」になる環境の整え方

大切なのは「環境を整える」こと

子どもの能力を伸ばすためには、子ども自身にどう話しかけたらいいのか、どうはたらきかけたらいいのかばかりに、注意が向いてしまいます。でも、その前にしておくことがあるのです。それは「環境を整える」ということです。

トイレトレーニングの進め方

例えば、皆さんが悩むトイレトレーニング。親子共々必死になって頑張っているのに成果が出ない理由のひとつが、「環境が整っていないから」ということがあります。

上下がつながったロンパース（股にボタンがついた洋服）を着せていたり、ジーンズを履かせているご家庭も多いのです。ロンパースは脱ぐのにも着るのにも自分ではできませんし、かたいジーンズは脱げたとしても上手に履くことができません。トイレトレーニングの時期は、かわいさよりも何よりも、柔らかい布製のゴムのズボンが必要です。こうしたことひとつをとっても、トイレトレーニングが進むか、進まないかに差が出てきます。

モンテッソーリの園では、トイレの前に必ず小さなイスがおいてあります（口絵5ページ）。子どもはそこで、ズボンやパンツを脱いだり履いたりしています。イスがあった方が圧倒的に簡単にできるからです。自分でできるようになれば、子どものやる気も出てくるものです。

また、季節も大切です。寒い時期のトイレトレーニングは、子どもにとってつらいものです。さっと脱いだり履いたりできる大人と違って、子どもは時間がかかります。寒い中お尻を出しているのはつらいですよね。そのことを分かっているママは、暖かくなった春頃から夏の終わりまでに、集中してトイレトレーニングをします。それでだめなら次の春に。こういった気持ちの余裕も大切です。

トイレトレーニングひとつとっても、その進みぐあいには、洋服や道具、季節といった子どもを取り巻く環境が大きく影響しています。子どもの「でき」や「能力」ばかりに気をとられずに、**子どもにとってそれを行うだけの環境が整っているかどうか、もう一度見直していただければ**と思います。

大人も環境の一部であり、子どもの鏡

そして大切なのは、**親、祖父母、先生といった周りの大人も同じように、環境の一部である**、ということです。ですから、大人たちが同じ方向を向いて子育てをしなければなりません。

自分が子どもの頃にはまったくおもちゃを買ってくれなかった親が、孫には好きなだけ買い与える、という話をよく耳にします（笑）。家庭の方針と、祖父母の方針が大きくずれていると、子どもはその間に挟《はさ》まれ戸惑ってしまいます。親同士の擦り合わせはしっかりとしておきたいものです。

子どもたちを見ていると、親が元気にあいさつをしていれば、子どもも同じように元気にあいさつをするようになります。親がニコニコしていれば、やはりニコニコの子どもに。**子どもに「ほら、あいさつをしなさい！」と注意するより、ご自身がいつもより大きな声であいさつをする方が、ずっとずっと効果がある**のです。

才能を伸ばしたいのであれば、伸ばせるような環境を用意することが大切です。この章では子どものためにどのような環境を用意すればいいのかに絞って、じっくりお話していきたいと思います。

「まねしたい！」を利用する

片づける子になるコツ①

「片づけなさい！」という言葉を一日何回言っているでしょうか？　子どもは片づけが苦手です。出したら出しっぱなし、遊んだら遊びっぱなしは、当たり前。そんな子どもたちでも、**園ではしっかりお片づけをしてくれます。家と園で、何が違うのでしょうか？**

園ではおもちゃの数を非常に少なくしています。わざと置かないのです。そして分類して置いています（口絵４ページ）。

ご家庭ではおもちゃの数が多いように思います。これでは片づけも大変。環境を整えれば、子どもはちゃんと片づけるようになります。

カラーボックスを使って

おもちゃの分類には、カラーボックスが役立ちます。カラーボックスを横に置いて、それぞれの区切りに3つ。上において6つ。はいはいからよちよち歩きの子どもであれば、このくらいで十分です。

大きくなったら、今度はカラーボックスを縦に置いて各ボックスにケースを入れて、ブロック、電車のおもちゃ、おままごとなど、分類して分かりやすくするとよいでしょう。

まだ文字が読めない子どもであれば、ボックスに写真や絵を貼る、文字が読めるのであれば、「ブロック」などと書いて何のボックスなのか分かりやすくしておくと、子どもは片づけをしやすいと感じます。

ママが同じところに片づける

そして大切なのは、**毎日同じところにママが片づけることです。それを見ていれば、子どももまねをして同じところに置くようになります。**子どもの中にある「秩序感」にうったえかけるのです（68ページ）。

ヨチヨチ歩きの子であっても、これなら戻すことができます。小さい時から戻すくせをつければ、大きくなっても同じ場所に戻さないと気持ちが悪くなるものです。特別なことをしているわけではないのですが、**環境が整っていれば子どもは片づけるようになります。**

今あるおもちゃが多過ぎるなら、好きなものを選んで、後は押し入れに入れておきましょう。時々入れ替えればいいのです。よく見ていると、子どもは繰り返し同じおもちゃで遊んでいませんか？　興味のないものまで出しておいて、ぐちゃぐちゃにされるよりよほどいいはずです。

うちとは別人のヒロくん！

「同じじゃなきゃヤダ！」を利用する

片づける子になるコツ②

おもちゃだけでなく、持ちものも場所を決めておくと片づけられるようになります。鞄《かばん》はここ、服はここ、と場所を決めます。下駄箱も、子どもの場所を決めておきましょう。シールを貼ったりしてもいいですね（口絵5ページ）。

行動の場所を決めておく

ものだけでなく、行動の場所も決めておくと、子どもは安心するものです。

例えば、トイレトレーニング。適当な場所でおむつを脱ぐのではなく、たとえリビングであってもおむつを替える場所を決めておくとよいのです。小さなマットなどを敷いて、いつも同じ場所でおむつを脱ぐようにします。もちろん「トイレの前で」というように決めてもいいですね。

ゴミ箱や替えのおむつも、いつも同じ場所に置いておきましょう。そして汚れたおむつを捨てて、新しいおむつをとってくるまで、一連の行動を同じように繰り返すようにします。

慣れてくると、「おむつを替えようね」と言うだけで、そのマットの場所に行くようになります。お尻を出して走るわが子を追いかける、ということはなくなるはずです！

大きくなって園の上着などがある場合も同様です。同じ場所で着て、同じ場所で脱ぐようにすると、それが習慣

になります。

いつも同じことを、同じ場所で。そうすることで、子どもは頭と行動を整理しやすくなるのです。

毎日同じ場所に食器を置いておく

モンテッソーリ園では、歩けるようになった0歳児から、食器の片づけもします。もちろん割れる本物のお皿やガラスのコップです。まだよちよち歩きであっても、毎日同じ場所にお皿とコップを置く場所を決めておけば、上手にバランスをとりながら、自分でお皿やコップを持って片づけできる子どもになるのです。

そしてそれを繰り返していると、「食べる→片づける」という流れが子どもの中で自然に身につくのです。

ボクの心の中「いつもの場所だ、うれしい♫」

「できるもん！」を利用する
心の自立と体の発育を促すコツ

これは結局どこまで子どもを信頼してあげられるか、ということにつながります。「危ない、危ない」と言って、はさみや包丁から遠ざけてばかりいては、いつまでたっても上手く使えるようにはなりません。

はさみであれば、持ち方や使う時のルールをきちんと教えてあげて、まずは短い「線」から切る練習をするなど、**一定のルールを守っていればそんなに怖がることはありません。** もちろん、しばらくはそばで見守っていることは必要です。

ただ、あまり注意をし過ぎると、子どもの気が散るので、本当に危ない時にだけ手を出すという距離感を、親が上手につかめるといいなと思います。

歩いていると危ないからといって、いつまでもベビーカーに乗せているのも考えものです。最近足に土踏まずがない、扁平足の子が多いのは、歩いていないからだと言われています。扁平足のままだと、運動会のかけっこの順位にも影響が出ます。男の子などは特に、とっさに飛び出したりして危ないこともありますが、危険を回避し過ぎたことで、かえって子どもに悪い影響が出てしまうのは残念なことです。

鏡で初めて自分の姿を知る

モンテッソーリ園の0歳児クラスには、大きな鏡とその前に取りつけられた直径2センチくらいのバーをよく見かけます（口絵5ページ）。鏡で自分の姿を確認することは、アイデンティティーの確立にも役立ちます。バーはつかまり立ちの高さに設置され、つかまった自分の姿を鏡で見ながら練習できます。バーがあれば、ひとりでつかまり立ちも、つたい歩きをすることもできます。バーの長さが1メートル以上あるのは、そのためです。

自分の動きがそのまま鏡に映るので、子どもたちは興味津々。無理に立つ練習などをさせなくても、みんな自ら鏡のそばに行き、バーにつかまって屈伸運動をしています。環境を整えるだけで子どもが伸びる、ということがこの様子で実感できます。

道具の選び方に気をつける

…ものごとを覚えさせるコツ

1歳くらいまでの子どもは、5本指で使えるものを選ぶようにします（80ページ）。例えば、両側に取っ手がついたコップは、5本指で持つことができないため、小さな子には非常に使いづらいのです。5本指で持つことを考えると、とってのない子ども用の湯のみ（ぐい飲みの少し大きいくらいのもので100ccくらいの水が入るもの）の方が、小さい子は上手に扱えます。

また、プラスチック類は使いません。0歳でも小さいサイズのガラスのコップを使います。**ガラスのコップは安定感があり、子どもも慎重に扱うようになります。**結果としてこぼすことも非常に少なくなるのです。ちなみに、保育園ではデュラレックス「ピカルディー」130ccサイズのコップ（口絵4ページ）を使っていました。

「しっくり」するものがお好き

子どもが使う「道具選び」の基準

かんしゃくを起こすとプラスチックのお皿を投げる男の子がいたのですが、ある日ママが思い切って、全部のお皿を「ノリタケ」に変えたそうです。そして、「これは割れるし、高級品だ」と言い聞かせたら、まったく投げなくなったといいます。小さな子でも、「割れる、割れない」「安物、高級品（！）」が分かるのです。

子どもが使うものは、

- サイズ
- 重さ
- 壊れにくさ
- 扱いやすさ

などの条件を満たした上で本物を使わせるようにします。

道具が適切なら、子どもは早く成長する

洋服であれば、小さい頃は脱ぎ着がしやすくてボタンのないもの、5本指でも握りやすいクレヨン、子ども用の包丁など、子どもの成長に合わせて必要な道具を選ぶようにしましょう。実際にそのような道具を見つけるのは、けっこう大変なのですが、**道具が適切であれば、子どもは早くいろいろなことをマスターできるようになります**から、その努力は報われるはずです。

道具や環境が整っていなくて、失敗を繰り返してばかりいると、子どもは自信をなくしてしまいます。**道具ひとつが、子どもの自信にまでつながる**としたら、ものを選ぶのにも慎重になりますね。

常に本物に触れさせる

美的感覚を養うコツ

美的感覚は、簡単には育ちません。周りに本物があるかどうか、親に「美的感覚を育てよう」という意識があるかどうかが大切だと思います。

モンテッソーリの「感覚教具」

モンテッソーリの園には「色板」「ピンクタワー」「音感ベル」など、「感覚教具」と呼ばれるものがあります（口絵4ページ）。これらは、それぞれ、色や感触、音階などを、比較したり並べたりすることで、身体を使って感覚を学ぶためのものです。

例えば音感ベルは、ドレミファソラシドの音階8個のベルが2種類用意されていて、同じものを対にして並べるところから始めます。できるようになると高低を聞き分けドレミファソラシドの音階に並べ、さらにできるようになると音楽教育の教具として演奏するという活動に移ります。

家であれば、例えばクレヨンをグラデーションに並べておくなどの工夫をするのもいいでしょう。また、もっとお絵描きをしてほしいと思うのであれば、子どもが「やってみたい！」と思うようなスケッチブックを用意したり。そうすると、子どももやる気が出るものです。家に絵をかざったり、花をかざったり。季節感があればなおいいですね。黄色い葉っぱを見つけてグラデーションや大きさ順に並べてみるだけでも、美的感覚の教育につながります。

本物をたくさん見よう

本物に触れるということも、とても大切です。写真やＤＶＤでは分からない、本物のよさというものがあります。花、動物、乗り物。なんでも同じです。動物園に行って、匂い、動きを感じることが大切なのです。舞台なども本物は違います。気迫があふれていて、役者さんのつばが飛んでくる。そこには伝わるものがあります。

大人も環境の一部と心得る

子どもの言葉遣いをよくするコツ

そして、**大人も環境の一部**です。

子どもは本当に大人のことをよく見ています。ある女の子が家で「○○したらダメよ！」とお人形に叱っていて、ママが「だれのまねをしているの？」と聞いたら、「神成先生！」と言われたり……。普段からダメって言わないようにしているのに、まだまだ言っているんだと反省させられた出来事でした。

子どもの言葉遣いは、親の言葉遣いそのもの。丁寧に話してほしかったら、親も子どもに向かって丁寧に話さなければいけません。お話したように、あいさつもしかり。まずは親がしっかりあいさつの見本を見せましょう。

目上の方に対しての敬語、ママ友同士の会話、子どもはどんな会話にも興味があります。ですから「まじすげぇ～」なんて使っていたらすぐに子どもは〝まね〟をしてしまうのでご注意を。

悪口もほどほどに

子どもは親の言っていることをよく聞いています。例えば夫へのグチを常に口にしていたら、子どもも「パパは悪い人なのか」と思ったり、「悪口は言ってもいいんだ」と学ぶようになります。そのように「学習」した子どもが、お友だちの悪口を言ってしまい人間関係においてトラブルを抱えたとしても、仕方のないことです。

もし、子どもが悪口を言うようなことがあれば、「悪口を言っちゃダメ！」などと頭ごなしに叱るのではなく、まずはなんでそんなことを言ったか、

「何があったの？」

と、子ども自身に理由を聞いてみます。

相手の気持ちがちゃんと想像できるようになっている4歳以降の子どもには、

「でもそんな言い方をしたらお友だちは悲しいよね」
「こんな言い方できるんじゃない？」

など「相手はこんな気持ちだよ」と伝えたり、よい言い方を提案してもいいですね。悪口をそのまま見過ごさず、とはいえ頭ごなしに叱らない対応ができたらと思います。

私たちも親になったからといって、突然素晴らしい人間になれるわけではありませんが、**子どもの前で「悪口を言わない」という最低限のルールは守りたい**ものです。

大人同士でしっかり話し合おう

お話したように、親、祖父母、先生は、同じ方向を向いて子育てをすることが大切です。ただし、実際にはそのように理想通りにいかないでしょう。**少なくとも、大人**

同士が子どもを間に挟んで対立するのは避けて、折り合いをつけていくことができればと思います。

周りの大人は子どもにとって大切な環境の一部である、ということを忘れないようにしたいものです。

おわりに

最後に少しだけ私の話をさせてください。

私は2009年12月フロンティアキッズ河田町ができると同時に園長となりました。園長には、園運営の他、いろいろな仕事がありますが、その中の仕事のひとつに、子育て相談というのがあります。

毎朝、園のカウンターに座って、ちょっと疲れ顔のお母さんを見かけては、「お母さん、疲れてそうですけど大丈夫ですか?」と何気なく話しかけるようにしていました。そうすると「先生、聞いてください。実はうちの子最近……」と悩みを打ち明けてくれることが多かったからです。

当時31歳の私は園長としては若い方だったと思います。子育て世代のお母さんたちと年齢が近いために、親近感を持ってくださったお母さんたちもいて、話しかけやすかったのでしょう。園の入り口での会話が何度か続くと「また相談いいですか?」と話してくれるようになり、いつしか送迎後の園のカウンターは子育て相談室になっていました。お母さんも話すとすっきりした顔で帰って行かれるので、私もうれしくて気がつくと30分以上話していたなんてことも……。

今回、当時保護者で子育て相談室でお話していたひとりでもあった編集者の黒坂さんが、「モンテッソーリ教育に興味を持ってくださり、あれこれ話をしているうちに「先生、本を書いてみませんか？」と言ってくださったのがきっかけで、このように本を書くことになりました。まさか私が本を書くなんて、という思いもありましたが、「はじめに」にも書いた通り、モンテッソーリ教育の魅力にはまった私は、子育てに困っているお母さん、お父さんが少しでも楽しく子育てできるならと、本を書かせていただきました。

私は現在5カ月になる男の子の母親でもあります。

子育て相談室でたくさんの相談を受けてきたにもかかわらず、わが子となるとさっぱり分からないことがたくさん。まず最初の悩みは授乳でした。わが子は4000グラムを超える巨大児で生まれたため、他のお子さんよりもミルクをよく飲む子で、おっぱいだけでは足らずミルクも足す生活。そんなことをしていたら哺乳瓶大好きっ子になり、おっぱいを見せるだけで大泣きする日々（笑）。慌てて病院の母乳外来に駆け込むもおっぱい嫌いは治らず、現在も搾乳《さくにゅう》した母乳を哺乳瓶に入れ、ミルクと合わせ混合で育てています。

私の理想は、完全母乳で育てる、だったのですがその夢は叶わず終わりそうです。でも、よく考えると子どもはすくすく大きく育ってくれている、それだけで感謝せねばならず、絶対に完全母乳で育てたい、というのは私のエゴでしかないわけです。そうは分かっていても、ついそのことを忘れてしまい、おっぱいを見ては泣くわが子に必死に「飲んで」とイライラ格闘していた日々。「その子のために何ができるのかを考える」という基本が分かっていながらこの有様です。

今は冷静にわが子と向き合えるようになりましたが、子育てって思う通りにいかないものだなと痛感した次第です。

この本を手に取ってくださった読者の皆さまも理想と現実のギャップに何度も悩み、この本にたどりついたのかもしれませんね。少しは悩みや心配事は解決したでしょうか?

子どもの悩みは尽きないものですね。私も親になってたくさんのことを子どもから教えてもらい、「親にさせてもらっている」と感じています。皆さまが、悩んだ時に、ふと手に取って、「こんな時はどうだっけ?」と子育てのヒントを探せる、そんな一冊の本ができました。皆さまの子育てに少しでもお役に立てたら、著者として、子育て奮闘中の母親の一人として、うれしく思います。

最後に、この本の企画編集をしてくださった黒坂真由子さん、快く監修を受けてくださった百枝義雄先生、11年間お世話になった早稲田フロンティアキッズ園長の橋本恵理先生、編集を担当してくださった中尾淳さん、岩崎麻衣さん、イラストを担当してくださった横井智美さん、カメラマンの田中めぐみさん、私を育ててくれた両親、この本を書くことに賛成してくれた夫秀樹、わが最愛の息子林太郎、まだまだ書ききれませんが、すべての皆さまに感謝いたします。

そして読者の皆さま、ここまで読んでくださりありがとうございました。皆さまの子育てが幸せな子育てになりますように。

監修に寄せて

私がモンテッソーリ教育を学んでいた時のことです。講師の先生が、おもむろに切り出しました。「マリア・モンテッソーリは、こう述べています。人間が経験する最初の戦争は……」。そこで、先生は間をとり、なぞなぞを楽しんでいる子どものような眼差しを、私たち受講生に向けていらっしゃいます。

私は、「なんだろう。有史以前から戦争はあるだろうから、世界史の教科書にあるようなものじゃないんだろうな。獲物や縄張りの奪い合い？」などと考えていたのですが、先生はこう続けられました。「大人と子どもの戦争である」と。

言われてみれば、その通りです。しかし、一体なんということでしょう。親は子どもを、何よりも大切に思っているはずなのに、子どもは親を、誰よりも大好きなはずなのに、その両者は、寄れば触れば、けんかばかりしています。泣いたり、怒ったり、わめいたり……。その様子は、確かに「戦争」です。

お母さん、という「業務」は、それはそれは大変なものです。しかも、現在の日本では、お母さんは自分の育児に対してさまざまな方面から、有形無形のプレッシャーを受けていると感じています。それでも、子どもの愛らしい笑顔を見ると、すべての辛さも消し飛んでしまう……はずなのですが、実際にはまったく意のままにならず、子どもに怒り、そんな自分が嫌でストレスを感じ、イライラして子どもへの態度がきつくなり……。ほぼすべてのお母さんが、そんな悪循環に悩んでいらっしゃいます。

これは、ほんの小さなボタンの掛け違いが原因です。最初のボタンは、こう掛けるべきだったのです。

大人が育てるのではない。子どもが、自分を育てる、と。

幼稚園・保育園などの施設でモンテッソーリ教育を実践する場合、本書の口絵でもご覧いただけるように、子どもはさまざまな教具と関わることを通して自分を育てていきます。したがって、モンテッソーリ教育とは、教具で活動することだ、と思われている方もいらっしゃるでしょう。

しかし、モンテッソーリ教育の本質は、大人が子どもをどう見るか、どう援助するか、という点にあります。本書の26、27ページで神成先生が書かれている通り、モンテッソーリ教育の根幹にあるのは、子どもの自己成長力を信じ、自分はそのサポートに徹するという大人の覚悟です。

タイトルの「モンテッソーリ流」という言葉には、神成先生のそのような思いが込められています。専門施設をまねて、家庭に教具を揃《そろ》えるのではなく、モンテッソーリ教育の精神に学んだ、「子どもを受け入れる」「子どもを信じる」「子どもに敬意を持つ」「子どもに学ぶ」という穏やかな態度を持つことから始める子育て。そこから生まれる、温かく、気持ちの通じ合う時間を、ぜひお子さんと過ごしてください。

神成先生は、私が代表を務める「モンテッソーリ・ラ・パーチェ　トレーニングコース」という教師養成機関でモンテッソーリ教育を学ばれました。受講生だった時から、この方は、子どもを正しく見る知性と、おおらかに見守る温かさを兼ね備えた希有な保育者であると感心しておりました。やがて先生が、現場での保育経験に加え、ご自身もお母さんとなって、育児の苦労も喜びも経験を重ねられているご様子を、頼もしく拝見しておりました。この度そんな神成先生が、モンテッソーリ育児をベースにお母様方に向けて本当に心強い味方となる本をお書きになられました。この本の誕生に関わらせていただきましたことを、ありがたく、嬉しく思います。

百枝　義雄

【著者】
神 成 美 輝（かんなり みき）
保育士、幼稚園教諭2種。幼稚園4年間、病児保育室2年間の勤務を経て、モンテッソーリ教育で著名な早稲田フロンティアキッズに7年間勤務。その後、2009年12月フロンティアキッズ河田町開設に伴い園長就任。モンテッソーリ教育をさらに実践するために2012年モンテッソーリ教師の資格を取得し、園長を辞めて現場に復帰して、系列のメデュケア モンテッソーリ ナーサリースクールにて一指導者として勤務した。モンテッソーリの現場に精通し、子どもだけでなく、親への啓発にも力を入れている。子どもは1人。

【監修者】
百 枝 義 雄（ももえだ よしお）
吉祥寺こどもの家園長。モンテッソーリ・ラ・パーチェ トレーニングコース代表。
大学卒業後、進学塾の講師・運営職を経て、不登校・高校中退生のためのフリースクールを設立する仕事に従事。人格の土台を形成する教育の必要性を感じ、モンテッソーリ教育と出会う。1998年、モンテッソーリ教育施設「吉祥寺こどもの家」を開園。2012年、新しい教員養成コース「モンテッソーリ・ラ・パーチェ」を立ち上げ、代表を務める。日本全国で、保育士・幼稚園教諭・両親など様々な大人を対象として保育、育児についての研修会や講演会を行う。著書に『父親が子どもの未来を輝かせる』（ソフトバンククリエイティブ）、『「1人でできた!」を助けるおうちでモンテッソーリ子育て お母さんはラクになり、子どもの未来が輝く』（PHP研究所）などがある。

知《し》る、見守《みまも》る、ときどき助《たす》ける
モンテッソーリ流《りゅう》「自分《じぶん》でできる子《こ》」の育《そだ》て方《かた》

2015年 8 月10日　初 版 発 行
2015年11月 1 日　第2刷発行

著　者　神成美輝 ©M.Kannari 2015
監修者　百枝義雄 ©Y.Momoeda 2015
発行者　吉田啓二

発行所　株式会社日本実業出版社　東京都文京区本郷3−2−12 〒113-0033
大阪市北区西天満6−8−1 〒530-0047
編集部 ☎03-3814-5651
営業部 ☎03-3814-5161　振 替 00170−1−25349
http://www.njg.co.jp/

印 刷／厚 徳 社　製 本／若林製本

この本の内容についてのお問合せは、書面かFAX（03−3818−2723）にてお願い致します。
落丁・乱丁本は、送料小社負担にて、お取り替え致します。

ISBN 978-4-534-05302-2 Printed in JAPAN